JN102189

もくじ

上 たんぽぽ　下 赤とんぼ

教科書ぴったりトレーニング

　　月　　日

ぴったり1 じゅんび

ふきのとう
図書館《かん》たんけん

教科書 上19～35ページ

★あたらしく がくしゅうする かん字

読　雪　声　言　行　南　図　書　方　絵　知

▼なぞりましょう ▼書きじゅん ▼おぼえましょう　教科書上19ページ

読

上をながく　はらう　はねる

読み方
ドク　トク　トウ　よむ

つかい方
読書《どくしょ》・読本《とくほん》
句読点《くとうてん》
本《ほん》を読《よ》む

くみに なる字
書《か》く　読む

書きじゅん：1〜14
読　ごんべん
14かく

なぞりましょう：
音読する　本を読む
ろう読　読みもの

▼なぞりましょう ▼書きじゅん ▼おぼえましょう　教科書上21ページ

雪

出さない

読み方
セツ
ゆき

つかい方
新雪《しんせつ》
雪《ゆき》がっせん
雪《ゆき》どけ

かたちの にた 字
雪　雲《くも》

ちがいは どこかな？

書きじゅん：1〜11
雪　あめかんむり
11かく

なぞりましょう：
雪のあさ
雪だるま

▼なぞりましょう ▼書きじゅん ▼おぼえましょう　教科書上22ページ

声

上をながく　はらう

読み方
セイ
◆ショウ
こえ
◆こわ

つかい方
かん声《せい》
声《こえ》が小《ちい》さい
大声《おおごえ》で話《はな》す

ちゅうい
○声　×声
形に気をつけて書こうね。

書きじゅん：1〜7
声　さむらい
7かく

なぞりましょう：
声をかける
さけび声

▼なぞりましょう ▼書きじゅん ▼おぼえましょう 教科書上 22 ページ

言

ながく

読み方
ゲン
ゴン
いう
こと

つかい方
言語《げんご》・無言《むごん》
ものを 言《い》う
言葉《ことば》

ちゅうい
○言《い》う　×言《ゆ》う
読みがなを つけると き、気を つけてね。

書きじゅん 1 2 3 4 5 6 7
言《げん》
7かく

ものを言う
言いかえす

▼なぞりましょう ▼書きじゅん ▼おぼえましょう 教科書上 23 ページ

行

下を ながく
とめる　はねる

読み方
コウ
ギョウ
いく・ゆく
おこなう
◆アン

つかい方
行動《こうどう》・行列《ぎょうれつ》
町《まち》へ 行《い》く
試合《しあい》を 行《おこな》う

ちゅうい
○行《い》く　○行《ゆ》く
○行《い》って　×行《ゆ》って
気を つけましょう。

書きじゅん 1 2 3 4 5 6
行《ぎょう》
6かく

学校へ行く
行きかえり

▼なぞりましょう ▼書きじゅん ▼おぼえましょう 教科書上 25 ページ

南

出さない
はねる

読み方
ナン
みなみ
◆ナ

つかい方
南国《なんごく》
南《みなみ》むき
南《みなみ》の ほう

はんたいの 字
北《きた》　南

書きじゅん 1 2 3 4 5 6 7 8 9
南《じゅう》
9かく

南をむく
南かぜ

▼なぞりましょう ▼書きじゅん ▼おぼえましょう 教科書上 33 ページ

図

てんが二つ
とめる

読み方
ズ
ト
◆はかる

つかい方
図工《ずこう》の 時間《じかん》
地図《ちず》を 見《み》る
図書館《としょかん》

なかまの 字
☆口が ある かん字
図　回　国
四　園

書きじゅん 1 2 3 4 5 6 7
図《くにがまえ》
7かく

図書がかり
図書しつ

月　日

▼なぞりましょう ▼書きじゅん ▼おぼえましょう
教科書上 33・34 ページ

書

つき出す　ながく

読み方　ショ　かく

つかい方
図書室《としょしつ》
読書《どくしょ》を　する
文字《もじ》を　書《か》く

ちゅうい
「書く」は、字を かく ことです。「絵を 書く」と 書かないように しましょう。

書きじゅん：1〜10
書（ひらび・いわく）
10かく

文を書く
書きとり

▼なぞりましょう ▼書きじゅん ▼おぼえましょう
教科書上 34 ページ

方

はらう　はねる

読み方　ホウ　かた

つかい方
南《みなみ》の 方角《ほうがく》
字《じ》の 読《よ》み方《かた》
夕方《ゆうがた》に なる

かたちの にた字
万《まん》　方

ちがいは どこかな？

書きじゅん：1〜4
方（ほう）
4かく

字の書き方
はなし方

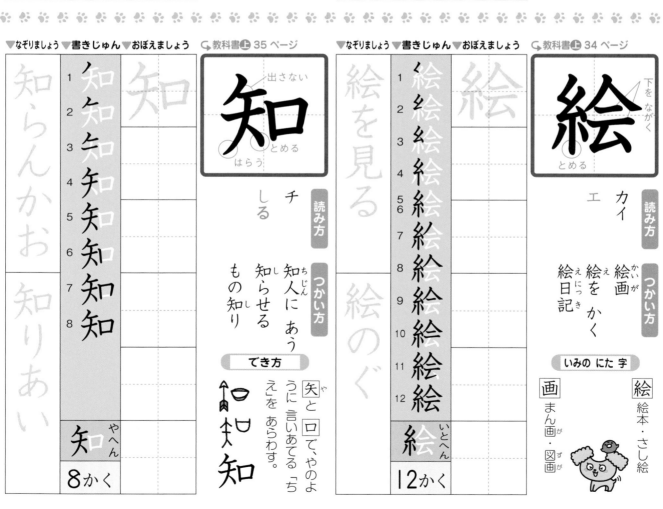

▼なぞりましょう ▼書きじゅん ▼おぼえましょう
教科書上 34 ページ

絵

下を ながく　とめる

読み方　カイ　エ

つかい方
絵画《かいが》
絵《え》を かく
絵日記《えにっき》

いみの にた 字
絵：絵本・さし絵
画：まん画《が》・図画《ずが》

書きじゅん：1〜12
糸（いとへん）
12かく

絵を見る
絵のぐ

▼なぞりましょう ▼書きじゅん ▼おぼえましょう
教科書上 35 ページ

知

出さない　とめる　はらう

読み方　チ　しる

つかい方
知人《ちじん》に あう
知《し》らせる
もの知《し》り

でき方
矢《や》と 口で、やのように 言いあてる「ちえ」を あらわす。

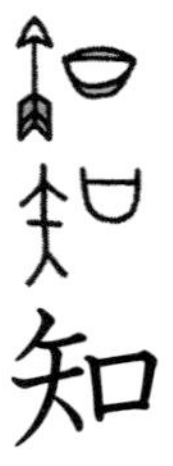

書きじゅん：1〜8
矢（やへん）
8かく

知らんかお
知りあい

月　　日

読み方が　あたらしい　かん字

かん字	読み方	つかい方	まえに 出た 読み方
音	オン	音読《おんどく》をする	音《おと》
虫	チュウ	こん虫《ちゅう》をとる	虫《むし》

かん字クイズ 1

おもいうかべて いる かん字には、一つだけ、なかまはずれの 字が あります。その 字を 見つけて、○で かこみましょう。

答え13ページ

① 月 火 水 雪 金 土

② 目 耳 言 足 手 口

③ 一 十 百 方 千 万《まん》

ふきのとう
図書館《かん》たんけん

教科書 上19〜35ページ
答え 2ページ

月　　日

1 かん字を 読みましょう。

① 字を 読む。（　　）

② 雪が ふる。（　　）

③ いけんを 言う。（　　）

④ 絵を 見る。（　　）

⑤ 学校に 行く。（　　）

⑥ かん字の おぼえ方。（　　）

⑦ もの知りの 人。（　　）

2 □に かん字を 書きましょう。

① さく文を □《おん》□《どく》する。

② □《ゆき》が つもった。

③ □《こえ》が きこえる。

④ □《い》いつけを まもる。

⑤ □《みなみ》かぜが ふく。

⑥ こん□《ちゅう》の 本。

⑦ すてきな □《え》□《ほん》。

⑧ 文を □《よ》む。

⑨ 山に □《い》きたい。

⑩ □《と》□《しょ》館《かん》

⑪ □《か》きとりの テスト。

⑫ すぐに □《し》らせる。

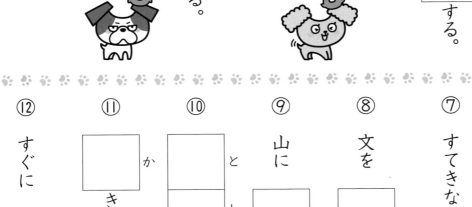

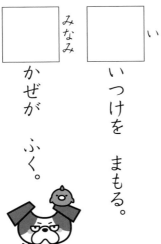

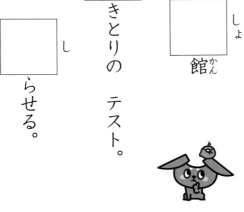

ぴったり1 じゅんび

春が いっぱい 日記を 書こう

教科書 上36～39ページ

あたらしく がくしゅうする かん字

春 思 記 曜 肉

教科書上 36 ページ

春（ここで つける　ながく）

読み方 シュン　はる

つかい方 青春《せいしゅん》　春風《はるかぜ》が ふく　春《はる》の 花《はな》

はんたいの 字 秋《あき》　春

▼書きじゅん ▼おぼえましょう

1〜9 春　春（日《ひ》）　9かく

▼なぞりましょう

春になる　春の空　ことしの春　春の一日

月　日

教科書上 38 ページ

思（とめる　はねる）

読み方 シ　おもう

つかい方 思考《しこう》する　思《おも》い出《で》　思《おも》いきり

い み 「心《こころ》」が 下に あるのは、「こころ」で「おもう」からだね。

▼なぞりましょう ▼書きじゅん ▼おぼえましょう

1〜9 思　思（こころ）　9かく

思ったこと　思いどおり

教科書上 38 ページ

記（はねる）

読み方 キ　しるす

つかい方 日記《にっき》を 書《か》く　名前《なまえ》の 記入《きにゅう》　心《こころ》に 記《しる》す

ちゅうい ○記 ×記　形《かたち》に 気を つけて 書こうね。

▼なぞりましょう ▼書きじゅん ▼おぼえましょう

1〜10 記　記（ごんべん）　10かく

日記を書く　記ろくする

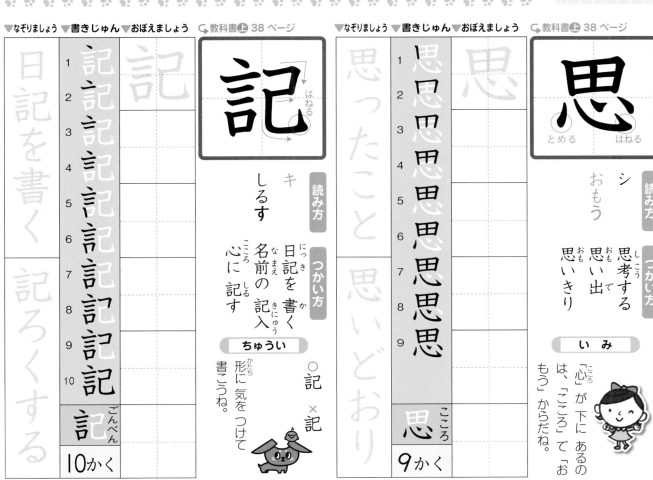

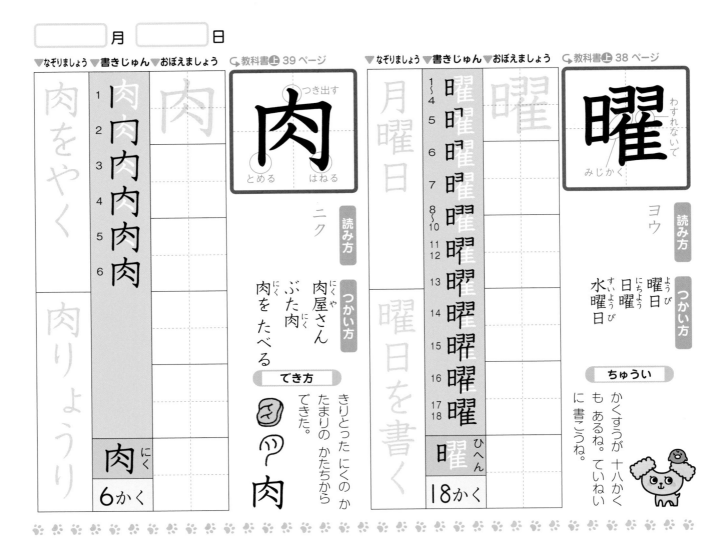

月　日

▼なぞりましょう ▼書きじゅん ▼おぼえましょう 教科書上 38 ページ

曜

わすれないで
みじかく

読み方 ヨウ

つかい方
曜日《ようび》
日曜《にちよう》
水曜日《すいようび》

ちゅうい
かくすうが 十八かくも あるね。ていねいに 書こうね。

書きじゅん：1〜4 日　5　6　7　8〜10　11 12　13　14　15　16　17 18 曜

日（ひへん）

18かく

月曜日
曜日を書く

▼なぞりましょう ▼書きじゅん ▼おぼえましょう 教科書上 39 ページ

肉

つき出す
とめる
はねる

読み方 ニク

つかい方
肉屋《にくや》さん
ぶた肉《にく》
肉《にく》を たべる

でき方
きりとった にくの かたまりの かたちから できた。

書きじゅん：1　2　3　4　5　6

肉（にく）

6かく

肉をやく
肉りょうり

読み方が あたらしい かん字

かん字	生
読み方	はえる
つかい方	草《くさ》が生《は》える
まえに 出た 読み方	生《う》まれる　一年生《いちねんせい》　生《い》きもの

かん字クイズ 2

「曜」と いう 字が 出て きたので、一しゅうかんの 曜日の かん字を こたえましょう。

答え 13 ページ

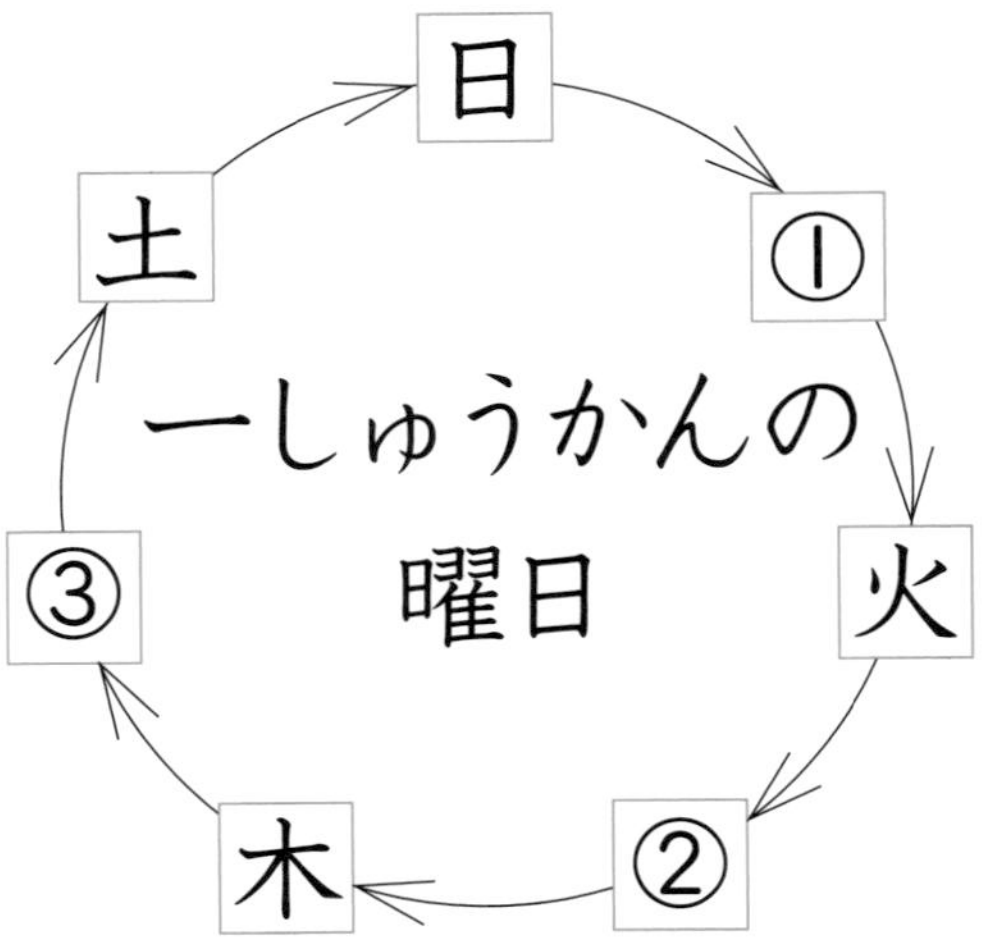

①②③には、どんな かん字が 入りますか？

①
②
③

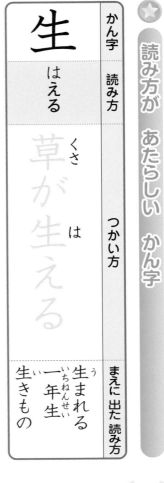

月　　日

ぴったり1 じゅんび

ともだちは どこかな

教科書 上40〜44ページ

あたらしく がくしゅうする かん字

話
聞

教科書上 40 ページ

話（やや ながく）

読み方
ワ
はなす
はなし

つかい方
会話《かいわ》する
電話《でんわ》で 話《はな》す
むかし話《ばなし》

くみに なる 字
話す
聞く

ちょうせんしよう！

書きじゅん おぼえましょう
1 2 3 4 5 6 7 8 9 10 11 12 13
話（ごんべん）
13かく

なぞりましょう
人と話す
先生のお話
話しかける
話しあい

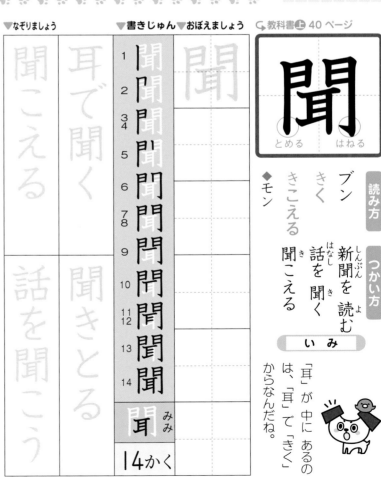

教科書上 40 ページ

聞（とめる　はねる）

読み方
ブン
きく
きこえる
◆モン

つかい方
新聞《しんぶん》を 読《よ》む
話《はなし》を 聞《き》く
聞《き》こえる

いみ
「耳」が 中に あるのは、「耳」で「きく」からなんだね。

書きじゅん おぼえましょう
1 2 3 4 5 6 7 8 9 10 11 12 13 14
耳（みみ）
14かく

なぞりましょう
耳で聞く
聞きとる
聞こえる
話を聞こう

読み方が あたらしい かん字

かん字	読み方	つかい方	まえに 出た 読み方
声	セイ	音声《おんせい》を 聞《き》く	声《こえ》

ぴったり2 れんしゅう

春が いっぱい
日記を 書こう
ともだちは どこかな

1 かん字を 読みましょう。

① 春（　　）が ちかづく。

② 小さい ころを 思（　　）い出す。

③ 日記（　　）に 書く。

④ あしたは 土曜日（　　）。

⑤ おみせで 肉（　　）を かう。

⑥ ともだちと 話（　　）しあう。

⑦ つくしが 生（　　）える。

2 □に かん字を 書きましょう。

① うめは □《はる》 の はじめに さく。

② あたたかい □《はる》。

③ うれしく □《おも》う。

④ りょこうの □《おも》い出。

⑤ ノートに □《き》ろくする。

⑥ □《すい》□《よう》□《び》 は はれ。

⑦ □《にく》りょうり

⑧ お□《にく》を たべる。

⑨ うわさ□《ばなし》を する。

⑩ わかるように □《はな》す。

⑪ 足音を □《き》いた。

⑫ ラジオの □《おん》□《せい》。

教科書 上36〜44ページ
答え 2ページ

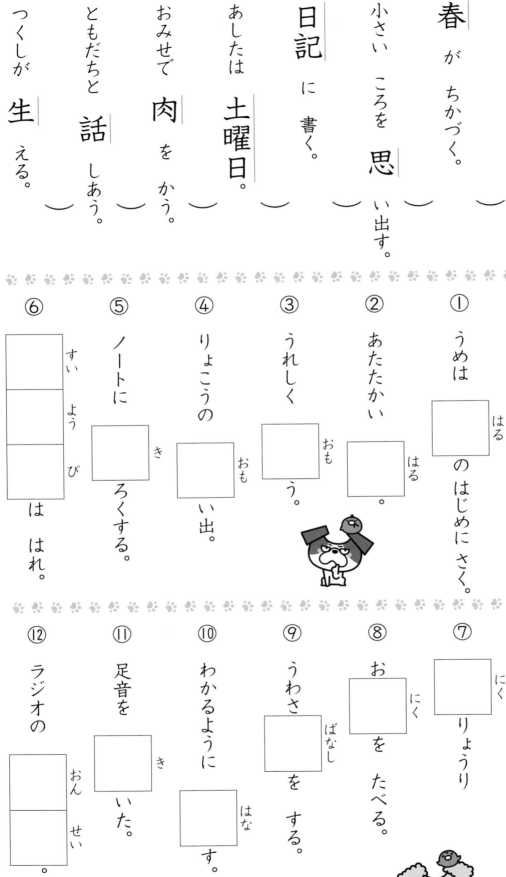

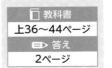

たんぽぽの ちえ

教科書 上45～54ページ

月　日

新しく がくしゅうする かん字

黄 色 黒 太 毛 高 風 晴 多 新 考

教科書上 46 ページ

黄

ながく　つき出す

読み方：オウ　き　◆コウ　◆こ

つかい方：黄金《おうごん》　黄色《きいろ》い　花《はな》　黄《き》みどり

ちゅうい：○黄　×黄　かたちに 気を つけて 書こうね。

がんばりましょう！

書きじゅん：1～11　黄《き》　11かく

なぞりましょう：赤青黄色　黄色い糸　黄みどり　黄しんごう

教科書上 46 ページ

色

はねる

読み方：ショク　シキ　いろ

つかい方：二色《にしょく》ずり　色紙《しきし（いろがみ）》　色《いろ》えんぴつ

いみ：黄色、赤色、青色、白色……。「いろ」はいろいろだなあ。

書きじゅん：1～6　色《いろ》　6かく

なぞりましょう：色をつける　あかるい色

教科書上 47 ページ

黒

下をながく　むきにちゅうい

読み方：コク　くろ　くろい

つかい方：黒板《こくばん》に 書《か》く　まっ黒《くろ》　はら黒《ぐろ》い 人《ひと》

はんたいの 字：白　黒

書きじゅん：1～11　黒《くろ》　11かく

なぞりましょう：黒と白　黒インク

月　　日

▼なぞりましょう ▼書きじゅん ▼おぼえましょう　教科書上 48 ページ

毛

下を ながく
はねる

わた毛
毛虫がいる

書きじゅん: 1 毛　2 毛　3 毛　4 毛

毛《け》　4かく

読み方
モウ
け（げ）

つかい方
毛布《もうふ》
毛糸《けいと》を あむ
わた毛《げ》

かたちの にた 字
手　毛

ちがいは どこかな？

▼なぞりましょう ▼書きじゅん ▼おぼえましょう　教科書上 48 ページ

太

わすれないで

太らせる
太った人

書きじゅん: 1 太　2 太　3 太　4 太

大《だい》　4かく

読み方
タイ・タ
ふとる
ふとい

つかい方
太陽《たいよう》・丸太《まるた》
犬《いぬ》が 太《ふと》る
太《ふと》い うで

いみの にた 字
大（きい）　太（い）

ちがいは どこかな？

▼なぞりましょう ▼書きじゅん ▼おぼえましょう　教科書上 50 ページ

風

はらう　はねる

風がふく
つよい風

書きじゅん: 1 風　2 風　3 風　4 風　5 風　6 風　7 風　8 風　9 風

風《かぜ》　9かく

読み方
フウ
かぜ
かざ
◆フ

つかい方
台風《たいふう》
風《かぜ》が つよい
風上《かざかみ》に 立《た》つ

くみに なる 字
雨　風

▼なぞりましょう ▼書きじゅん ▼おぼえましょう　教科書上 50 ページ

高

とめる　はねる

高いねだん
高さくらべ

書きじゅん: 1 高　2 高　3 高　4 高　5 高　6 高　7 高　8 高　9 高　10 高

高《たかい》　10かく

読み方
コウ
たかい
たか
たかまる
たかめる

つかい方
高原《こうげん》の あさ
せいが 高《たか》い
高《たか》まる

でき方

たかい ところに たって いる いえの かたちから できた。

月　日

▼なぞりましょう ▼書きじゅん ▼おぼえましょう

教科書上 50 ページ

晴

とめる　はねる

読み方
セイ
はれる
はらす

つかい方
晴天《せいてん》
晴《は》れた 日《ひ》
気晴《きば》らし

でき方
日(たいよう)と 青(青い 空)とを くみあわせた 字。

晴

書きじゅん：1〜12　晴

日 ひへん

12かく

なぞりましょう：晴れわたる　気が晴れる

▼なぞりましょう ▼書きじゅん ▼おぼえましょう

教科書上 51 ページ

多

下を やや 大きく

読み方
タ
おおい

つかい方
多数《たすう》
数《かず》が 多《おお》い
人出《ひとで》が 多《おお》い

はんたいの 字
多い　少《すく》ない

書きじゅん：1〜6　多

夕 ゆうべ た

6かく

なぞりましょう：車が多い　多くの人

▼なぞりましょう ▼書きじゅん ▼おぼえましょう

教科書上 51 ページ

新

とめる

読み方
シン
あたらしい
あらた
にい

つかい方
新聞《しんぶん》を 読《よ》む
新《あたら》しい 車《くるま》
新《あら》たな 年《とし》
新潟県《にいがたけん》

ちゅうい
○新しい　×新らしい
おくりがなに 気を つけてね。

書きじゅん：1〜13　新

新 おのづくり

13かく

なぞりましょう：新しい本　目新しい

▼なぞりましょう ▼書きじゅん ▼おぼえましょう

教科書上 52 ページ

考

はねる

読み方
コウ
かんがえる

つかい方
さん考書《こうしょ》
よく 考《かんが》える
よい 考《かんが》え

いみの にた 字
考える　思う

書きじゅん：1〜6　考

考 おいかんむり おいがしら

6かく

なぞりましょう：考えたこと　よい考え

月　　日

かん字	読み方	つかい方	まえに 出た 読み方
気	ケ	しめり気《け》	気《き》をつける
行	ギョウ	行《ぎょう》をかえる	行《い》く

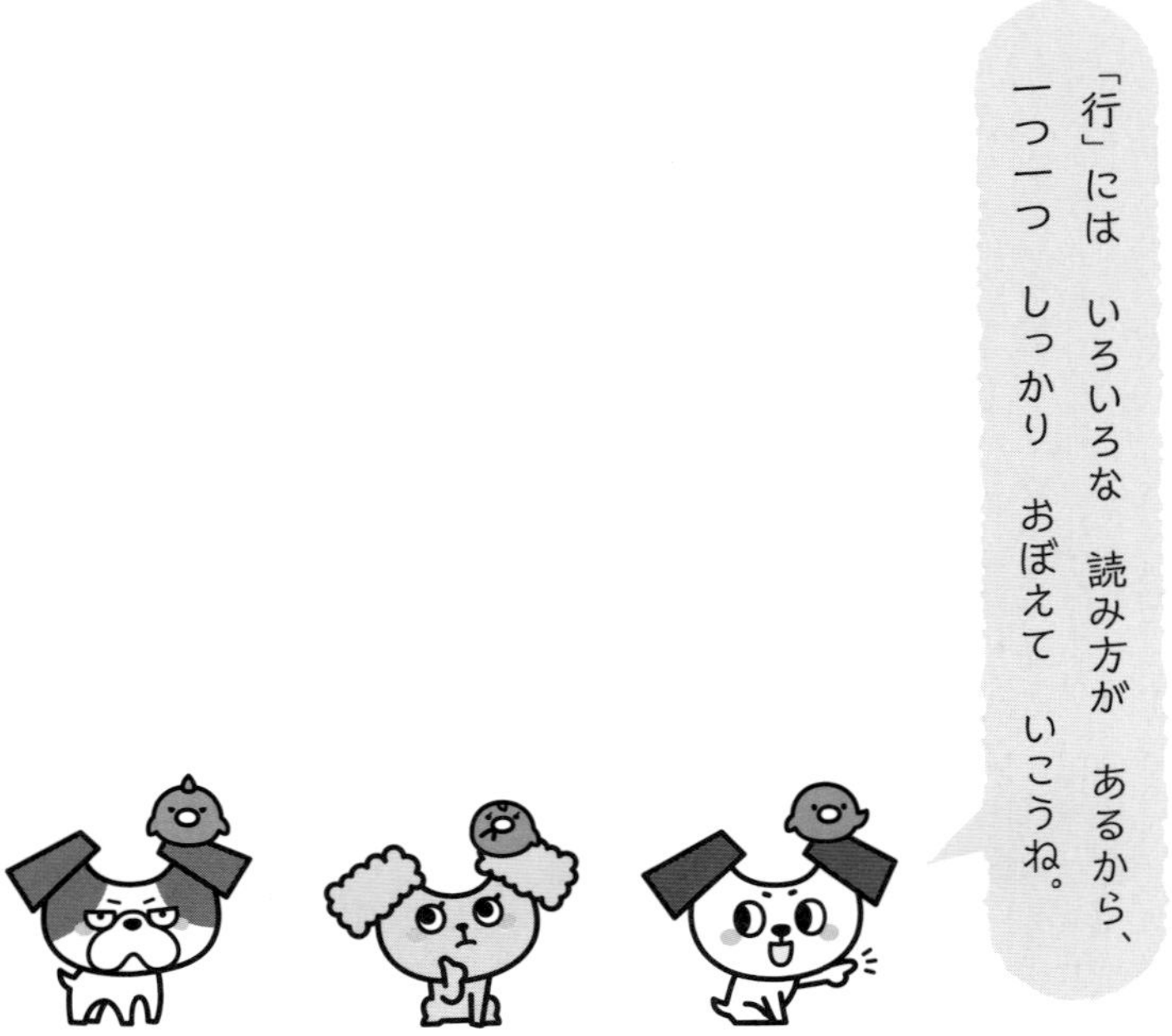
「行」には いろいろな 読み方が あるから、一つ一つ しっかり おぼえて いこうね。

おくりがなに ちゅういする かん字

話

「話」は おくりがなを つける ばあいと つけない ばあいが あります。

「先生と 話す」、「話しながら あるく」などは おくりがなが ひつようですが、「おもしろい 話」、「話をする」などは おくりがなを つけません。

つかい分けが できるように なりましょう。

晴

「晴」は 「晴れる」「晴らす」のように おくりがなが ひつような かん字です。

「雨のち 晴れ」、「雪が やんで 晴れる」「気を 晴らす」などと つかいます。

「雨のち 晴」や「晴る」などと 書かないように 気を つけましょう。

たんぽぽの ちえ

教科書 上45～54ページ
答え 2ページ

□月 □日

1 かん字を 読みましょう。

① 黄色（　　）い リボン。
② からだが 太（　　）る。
③ たんぽぽの わた毛（　　）。
④ 高（　　）い たてもの。
⑤ さわやかな 風（　　）。
⑥ 晴（　　）れた 空。
⑦ ごみが 多（　　）い。

2 □に かん字を 書きましょう。

① □《き》みどりの 花が さく。
② あざやかな □《いろ》だ。
③ □《くろ》と 白の もよう。
④ やせた ねこを □《ふと》らせる。
⑤ かみの □《け》を とかす。
⑥ □《あたら》しい ぼうし。

⑦ □《ぎょう》を かえる。
⑧ そよ□《かぜ》が ふく。
⑨ こたえを □《かんが》える。
⑩ 見□《は》らしが よい。
⑪ しめり□《け》が ある。
⑫ 雨の 日が □《おお》い。

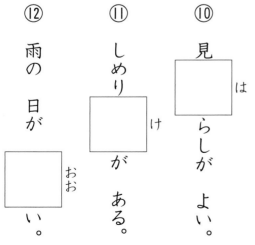

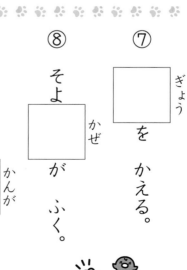

月　　日

かんさつ名人に なろう

教科書 上56～61ページ

☆ 新しく がくしゅうする かん字

形 体 長 近 同

▼なぞりましょう ▼書きじゅん ▼おぼえましょう 教科書上 57ページ

形

下を 長く

読み方
ケイ
ギョウ
かた
かたち

つかい方
三角形《さんかくけい》
日本人形《にほんにんぎょう》
形《かたち》を かえる

い み
彡(さんづくり)は、かたちを ととのえる いみを あらわすよ。

おぼえましょう！

書きじゅん 1 2 3 4 5 6 7

形 さんづくり

7かく

まるい形　形がよい　おなじ形　形をつくる

▼なぞりましょう ▼書きじゅん ▼おぼえましょう 教科書上 58ページ

体

はらう　とめる

読み方
タイ
からだ
◆テイ

つかい方
体力《たいりょく》
大《おお》きな 体《からだ》
体《からだ》つき

形の にた 字

休む　体

ちがいは どこかな？

書きじゅん 1 2 3 4 5 6 7

体 にんべん

7かく

体が大きい　人の体

▼なぞりましょう ▼書きじゅん ▼おぼえましょう 教科書上 58ページ

長

長く

読み方
チョウ
ながい

つかい方
校長先生《こうちょうせんせい》
長所《ちょうしょ》
かみが 長《なが》い

はんたいの 字

短《みじか》い　長い

(三年生で ならうよ。)

書きじゅん 1 2 3 4 5 6 7 8

長 ながい

8かく

長いじかん　足が長い

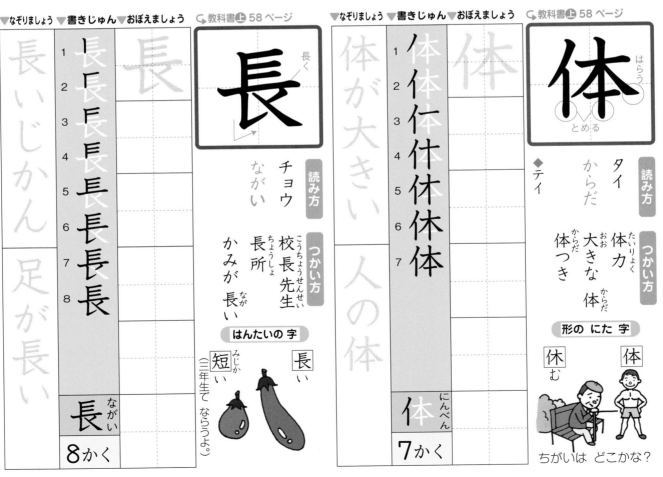

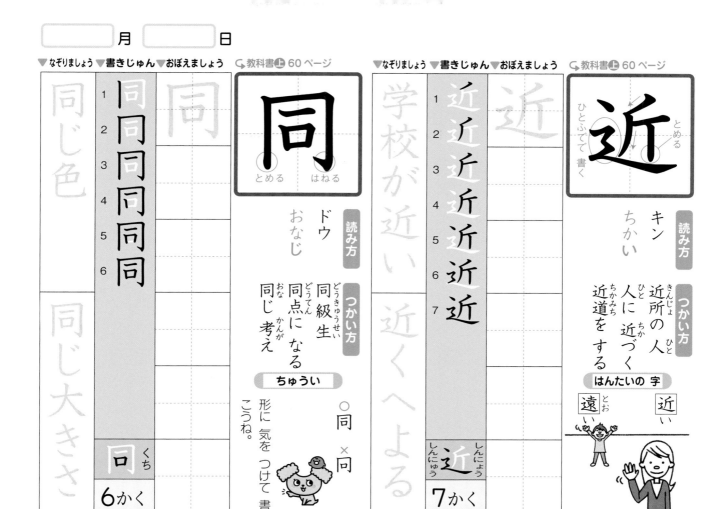

月　日

▼なぞりましょう ▼書きじゅん ▼おぼえましょう　教科書上 60ページ

近

ひとふでで 書く　とめる

読み方
キン
ちかい

つかい方
近所《きんじょ》の 人《ひと》
人《ひと》に 近《ちか》づく
近道《ちかみち》を する

はんたいの 字

書きじゅん 1 2 3 4 5 6 7

辶 しんにょう しんにゅう

7かく

学校が 近い

近くへ よる

▼なぞりましょう ▼書きじゅん ▼おぼえましょう　教科書上 60ページ

同

とめる　はねる

読み方
ドウ
おなじ

つかい方
同級生《どうきゅうせい》
同点《どうてん》に なる
同《おな》じ 考《かんが》え

ちゅうい
○同　×同
形に 気を つけて 書こうね。

書きじゅん 1 2 3 4 5 6

口 くち

6かく

同じ色

同じ大きさ

読み方が 新しい かん字

かん字	読み方	つかい方	まえに 出た 読み方
名	メイ	こまの名人《めいじん》	名《な》まえ
人	ジン	アメリカ人《じん》	人《ひと》
方	ホウ	すきな方《ほう》をとる	おり方《かた》

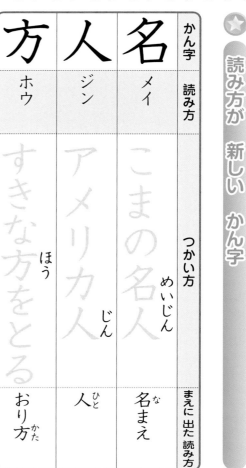

ぴったり2 れんしゅう

かんさつ名人に なろう

月　　日

1 かん字を 読みましょう。

① おかしな 形。（　　）

② 長い みちのり。（　　）

③ うしろの 方を むく。（　　）

④ 体を きたえる。（　　）

⑤ 人名を 書く。（　　）

⑥ 同じ 読みの かん字。（　　）

⑦ いえが 近い。（　　）

2 □に かん字を 書きましょう。

① □《かたち》を ととのえる。

② まるい □《かたち》を つくる。

③ きりんは くびが □《なが》い。

④ □《なが》さを くらべる。

⑤ 学校に □《ちか》づく。

⑥ じょうぶな □《からだ》。

⑦ □《ちか》くの 山に のぼる。

⑧ きのうと □《おな》じ ふく。

⑨ □《にっ》□《ぽん》□《じん》

⑩ しょうぎの □《めい》□《じん》。

⑪ かおを □《ちか》づける。

⑫ 山の □《ほう》を 見る。

教科書 上56〜61ページ
答え 2ページ

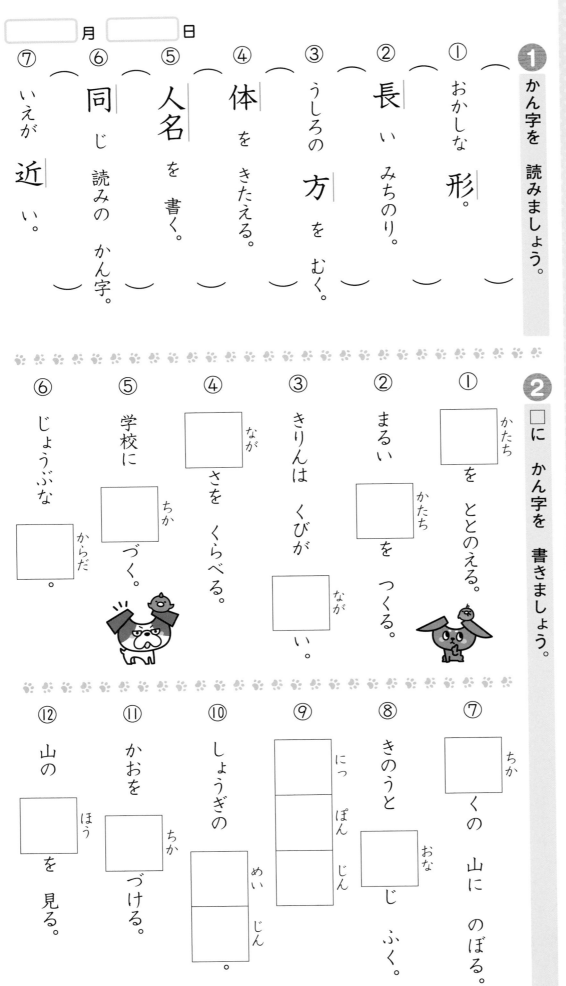

月　日

ぴったり1 じゅんび

同じ ぶぶんを もつ かん字

教科書 上65〜66ページ

新しく がくしゅうする かん字

今 会 社 刀 切 内 店 姉 妹 線 汽 海

教科書上 66ページ

今

つける　はらう　はらう

読み方 コン　いま　◆キン

つかい方 今月《こんげつ》　今《いま》まで　今《いま》と むかし

形の にた 字 今　合《あ》う

ちがいは どこかな？

書きじゅん・おぼえましょう：1 今 2 今 3 今 4 今

今（ひとやね） 4かく

なぞりましょう：今から行く　今すぐに　今まで　たった今

教科書上 66ページ

会

つける　とめる

読み方 カイ　あう　◆エ

つかい方 学級会《がっきゅうかい》　会話《かいわ》する　友人《ゆうじん》に 会《あ》う

いみ
①であう 「人と 会う」「会話」
②あつまり 「学級会」「うんどう会」

書きじゅん・おぼえましょう：1 会 2 会 3 会 4 会 5 会 6 会

会（ひとやね） 6かく

なぞりましょう：学きゅう会　えんそう会

教科書上 66ページ

社

長く　とめる

読み方 シャ　やしろ

つかい方 会社《かいしゃ》づとめ　明《あか》るい 社会《しゃかい》　古《ふる》い 社《やしろ》

いみ
①人の あつまり 「会社」「社会」
②おみや 「じん社」「古い 社」

書きじゅん・おぼえましょう：1 社 2 社 3 社 4 社 5 社 6 社 7 社

社（しめすへん） 7かく

なぞりましょう：会社を出る　社会のため

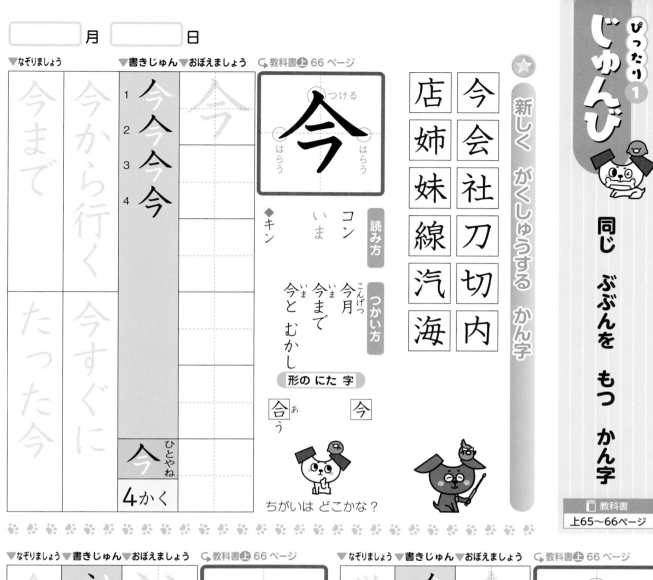

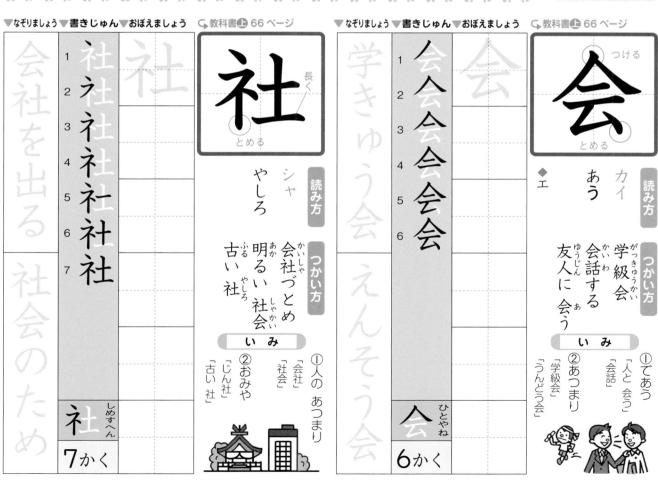

月　　日

▼なぞりましょう ▼書きじゅん ▼おぼえましょう

教科書上 66ページ

刀

出さない　はねる

読み方
トウ
かたな
（がたな）

つかい方
日本刀《にほんとう》
刀《かたな》で 切《き》る
小刀《こがたな》

でき方
かたなの 形から できた。

刀をぬく
するどい刀

書きじゅん 1 刀 2 刀

刀 かたな
2かく

▼なぞりましょう ▼書きじゅん ▼おぼえましょう

教科書上 66ページ

切

出さない　はねる

読み方
セツ
きれる
きる
◆サイ

つかい方
親切《しんせつ》な 人《ひと》
糸《いと》が 切《き》れた
木《き》を 切《き》る

いみ
右に「刀」が あるのは、はもので「きる」からなんだね。

よく切れる
かみを切る

書きじゅん 1 切 2 切 3 切 4 切

切 かたな
4かく

▼なぞりましょう ▼書きじゅん ▼おぼえましょう

教科書上 66ページ

内

つき出す　とめる　はねる

読み方
ナイ
うち
◆ダイ

つかい方
町内会《ちょうないかい》
内《うち》と 外《そと》
内《うち》に 入《はい》る

でき方
たてものに 入る ようすから、「うちがわ」を あらわした 字。

車内を見る
本の内よう

書きじゅん 1 内 2 内 3 内 4 内

内 いる
4かく

▼なぞりましょう ▼書きじゅん ▼おぼえましょう

教科書上 66ページ

店

はらう

読み方
テン
みせ

つかい方
書店《しょてん》
店《みせ》を 出《だ》す
店先《みせさき》

ちゅうい
○店 ×店 ×店
形に 気を つけて 書きましょう。

店の中
店をあける

書きじゅん 1 店 2 店 3 店 4 店 5 店 6 店 7 店 8 店

店 まだれ
8かく

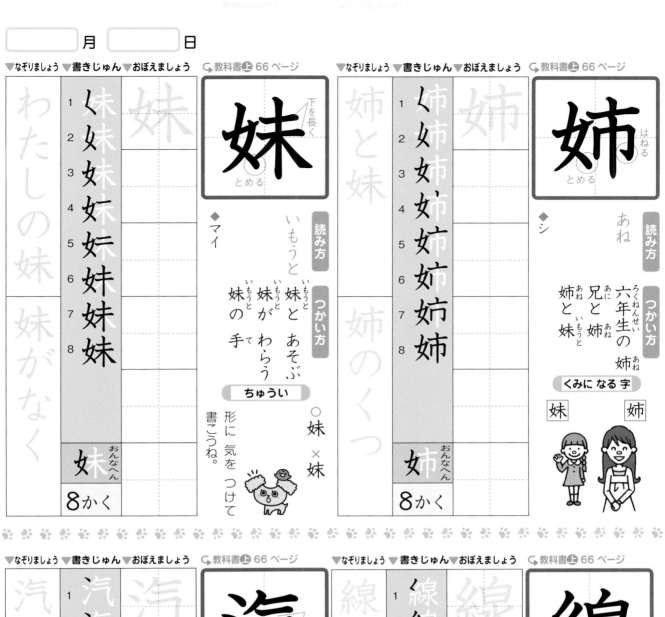

月　日

▼なぞりましょう ▼書きじゅん ▼おぼえましょう　教科書上 66ページ

妹

下を長く　とめる

書きじゅん：1〜8

妹　おんなへん　8かく

なぞりましょう：わたしの妹　妹がなく

読み方
いもうと
◆マイ

つかい方
妹《いもうと》と あそぶ
妹《いもうと》が わらう
妹《いもうと》の 手《て》

ちゅうい
○妹　×妹
形に 気を つけて 書こうね。

▼なぞりましょう ▼書きじゅん ▼おぼえましょう　教科書上 66ページ

姉

はねる　とめる

書きじゅん：1〜8

姉　おんなへん　8かく

なぞりましょう：姉と妹　姉のくつ

読み方
あね
◆シ

つかい方
六年生《ろくねんせい》の 姉《あね》
兄《あに》と 姉《あね》
姉《あね》と 妹《いもうと》

くみに なる 字
妹　姉

▼なぞりましょう ▼書きじゅん ▼おぼえましょう　教科書上 66ページ

汽

はねる

書きじゅん：1〜7

汽　さんずい　7かく

なぞりましょう：汽車を見る　汽てきの音

読み方
キ

つかい方
汽車《きしゃ》に のる
汽船《きせん》
船《ふね》の 汽《き》てき

形の にた 字
気　汽

ちがいは どこかな？

▼なぞりましょう ▼書きじゅん ▼おぼえましょう　教科書上 66ページ

線

とめる　はねる

書きじゅん：1〜15

線　いとへん　15かく

なぞりましょう：線をひく　ほそい線

読み方
セン

つかい方
線《せん》を ひく
光線《こうせん》
水平線《すいへいせん》

い み
糸（いとへん）が あるのは、「せん」が 細《ほそ》く つづく ものだから。

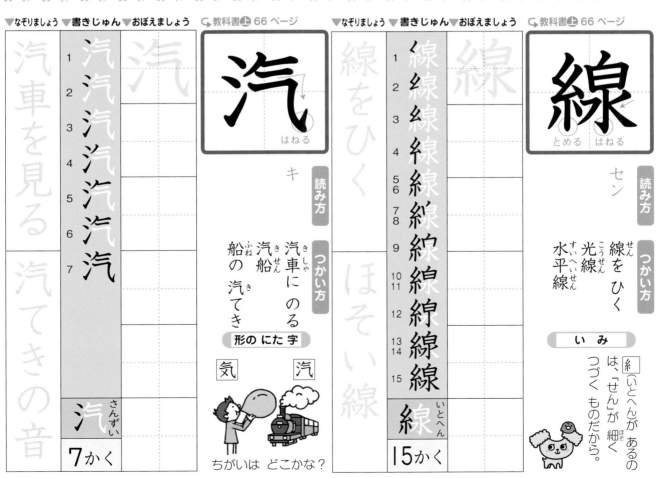

月　日

▼なぞりましょう ▼書きじゅん ▼おぼえましょう
教科書上 66 ページ

海

とめる　はねる

読み方
カイ
うみ

つかい方
海水《かいすい》よく
海《うみ》で およぐ
青《あお》い 海《うみ》

い み
氵(さんずい)は、水を あらわすよ。
海は 水で いっぱい だよね。

1 2 3 4 5 6 7 8 9（書きじゅん）
海 さんずい
9かく

ひろい海
空と海

読み方が 新しい かん字

かん字	読み方	つかい方	まえに 出た 読み方
小	こ	小刀《こがたな》をつかう	小《ちい》さい
町	チョウ	町内《ちょうない》の人《ひと》	町《まち》

かん字クイズ 3

雨

右の かん字は、いちぶが かくされて いますが、「雨」と いう 字だと わかりますね。
つぎの かん字も、しっかり 見わけましょう。

① 形 □
② 高 □
③ 絵 □
④ 風 □
⑤ 書 □
⑥ 黄 □

答え 13ページ

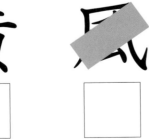

ぴったり2 れんしゅう

同じ ぶぶんを もつ かん字

教科書 上65〜66ページ
答え 3ページ

月　日

1 かん字を 読みましょう。

①（　　）会社 に 行く。
②（　　）さむらいの 刀。
③（　　）肉を 切る。
④（　　）町内 の おまつり。
⑤（　　）ひろい 店 の 中。
⑥（　　）まっすぐな 線。
⑦（　　）汽車 が はしる。

2 □に かん字を 書きましょう。

① □《いま》にも 雨が ふりそうだ。
② はっぴょう□《かい》を する。
③ □《しゃ》□《かい》に 出る。
④ □《こ》□《がたな》を つかう。
⑤ □《ない》しょ話を する。
⑥ しょくひんの □《みせ》。

⑦ □《あね》と 出かける。
⑧ 長い □《せん》を ひく。
⑨ ふねの □《き》てきが なる。
⑩ □《うみ》が 見える。
⑪ □《いもうと》と あそぶ。
⑫ □《こ》ぜにを ひろう。

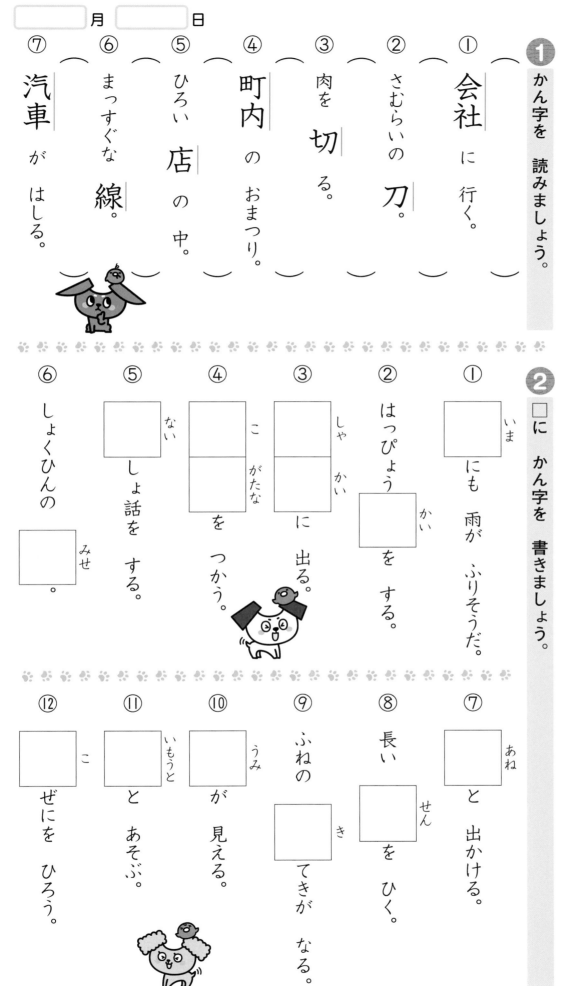

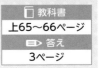

月　　日

ぴったり2 れんしゅう

同じ ぶぶんを もつ かん字

1 かん字を 読みましょう。

① 今（　　）から 出かける。

② 学きゅう会（　　）で 話す。

③ 社（　　）いんに なる。

④ ふるい 刀（　　）。

⑤ かみの 毛を 切（　　）る。

⑥ 町会（　　）に 出る。

⑦ 校内（　　）ほうそうを 聞く。

2 □に かん字を 書きましょう。

① □《みせ》で おかしを かう。

② □《あね》に 本を かりる。

③ □《いもうと》は 一年生だ。

④ 二本の □《せん》が まじわる。

⑤ □《き》□《しゃ》が とおる。

⑥ □《せん》ろの そばの みち。

⑦ にんじんを □《き》る。

⑧ □《うみ》で およぐ。

⑨ □《こ》ざかなを たべる。

⑩ □《かい》□《しゃ》で はたらく。

⑪ □《ちょう》□《ない》の 見まわり。

⑫ よく □《き》れる はさみ。

教科書 上65〜66ページ
答え 3ページ

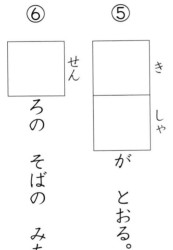

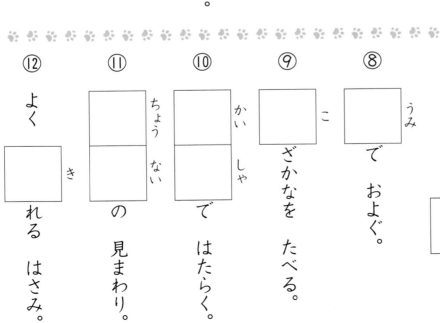

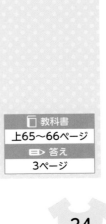

月　日

ぴったり1 じゅんび

スイミー

教科書 上67〜80ページ

新しく がくしゅうする かん字

魚 広 前 元 岩 食 教 光

なぞりましょう　書きじゅん　おぼえましょう　教科書上 67 ページ

魚

むきに ちゅうい

読み方
ギョ
うお
さかな

つかい方
金魚《きんぎょ》を かう
魚市場《うおいちば》
魚《さかな(うお)》つり

でき方
さかなの 形から できた。

書きじゅん 1〜11

魚 うお

11かく

小さな魚
魚をやく
魚やさん
魚のなかま

なぞりましょう　書きじゅん　おぼえましょう　教科書上 68 ページ

広

とめる

読み方
コウ
ひろい
ひろまる
ひろめる
ひろがる
ひろげる

つかい方
広大《こうだい》な 空《そら》
広《ひろ》い 海《うみ》
手《て》を 広《ひろ》げる

い み
広や店の广(まだれ)は、「やね」をあらわすよ。

書きじゅん 1〜5

广 まだれ

5かく

広いのはら
話が広がる

なぞりましょう　書きじゅん　おぼえましょう　教科書上 68 ページ

前

とめる　はねる

読み方
ゼン
まえ

つかい方
午前中《ごぜんちゅう》
学校《がっこう》の 前《まえ》
前《まえ》むき

はんたいの 字
後《うし》ろ　前

書きじゅん 1〜9

刂 りっとう

9かく

名前を書く
前とうしろ

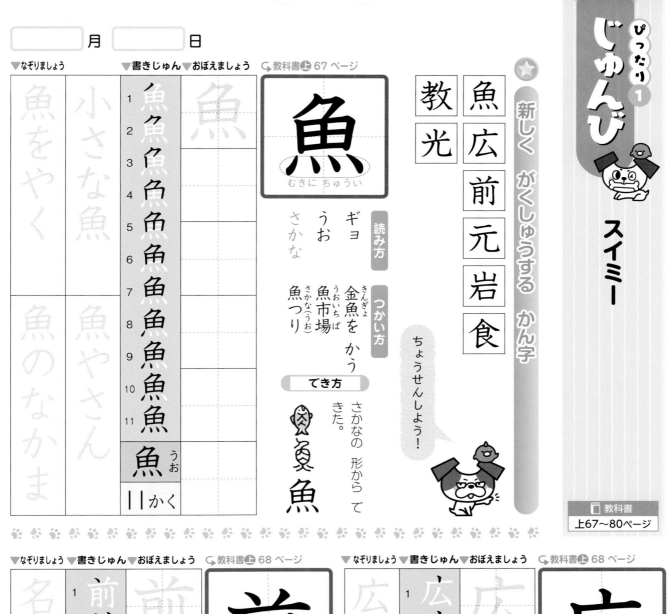

月　日

▼なぞりましょう ▼書きじゅん ▼おぼえましょう　教科書上 72ページ

元

下を長く　はねる

読み方
ゲン
ガン
もと

つかい方
元気《げんき》な 子《こ》
元日《がんじつ》
木《き》の 根元《ねもと》

でき方
人の 体の 上の あたまの 形から、「おおもと」を あらわした 字。

書きじゅん：1 2 3 4

元　ひとあし　にんにょう

4かく

元気な子犬
元気づける

▼なぞりましょう ▼書きじゅん ▼おぼえましょう　教科書上 73ページ

岩

ひらたく

読み方
ガン
いわ

つかい方
岩石《がんせき》
大《おお》きな 岩《いわ》
岩山《いわやま》

でき方
山と 石で、「山のように 大きな 石」の いみを あらわす 字。

書きじゅん：1 2 3 4 5 6 7 8

岩　やま

8かく

大きな岩
岩かげ

▼なぞりましょう ▼書きじゅん ▼おぼえましょう　教科書上 75ページ

食

つける　はらう

読み方
ショク
くう
たべる
◆ジキ
◆くらう

つかい方
食事《しょくじ》の 時間《じかん》
虫食《むしく》い
パンを 食《た》べる

くみに なる 字
食べる
飲む
（三年生で ならうよ。）

書きじゅん：1 2 3 4 5 6 7 8 9

食　しょく

9かく

魚を食べる
食べもの

▼なぞりましょう ▼書きじゅん ▼おぼえましょう　教科書上 76ページ

教

はねる　はらう

読み方
キョウ
おしえる
おそわる

つかい方
教科書《きょうかしょ》
教《おし》え方《かた》
人《ひと》に 教《おそ》わる

い み
教える
教わる（おしえて もらう こと。）

書きじゅん：1 2 3 4 5 6 7 8 9 10 11

教　ぼくづくり　のぶん

11かく

字を教える
人に教える

月　　日

▼なぞりましょう▼書きじゅん▼おぼえましょう 教科書上77ページ

光

はらう　はねる

読み方
コウ
ひかり
ひかる

つかい方
日光《にっこう》
光《ひかり》を 出《だ》す
星《ほし》が 光《ひか》る

でき方
あたまに たいまつを のせた 人の 形から できた。

書きじゅん 1 2 3 4 5 6 光

光 ひとあし にんにょう

6かく

日の光

ホタルが光る

読み方が 新しい かん字

かん字	中
読み方	チュウ
つかい方	水中《すいちゅう》にもぐる
まえに 出た 読み方	中《なか》・うち　中《じゅう》

かん字クイズ 4

絵を 見ると、かん字に たりない ところが あるのが わかりますね。書きくわえて、正しい かん字に しましょう。

答え13ページ

①

②

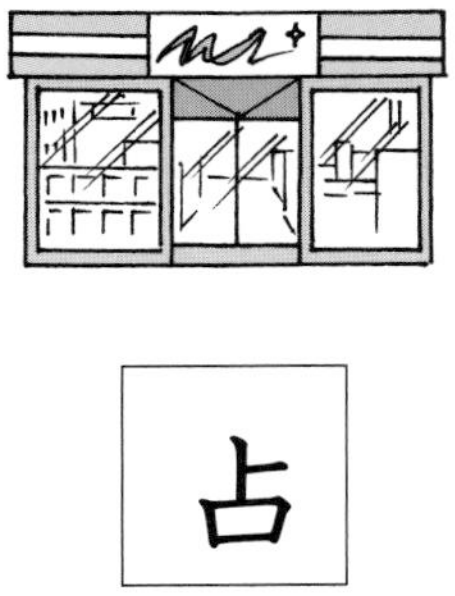

③

④

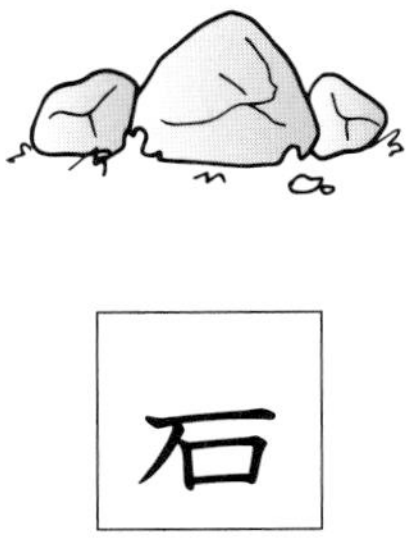

⑤

⑥

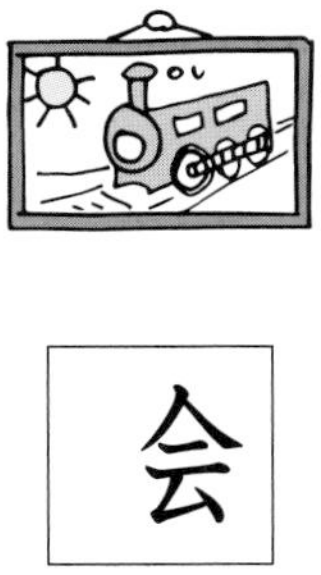

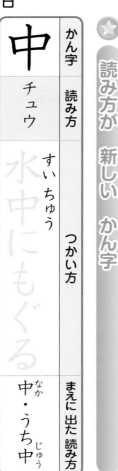

スイミー

月　　日

1 かん字を 読みましょう。

① 小さな 魚。（　）

② 名前 を 言う。（　）

③ 元気 に なった。（　）

④ 海の そこの 岩。（　）

⑤ パンを 食 べる。（　）

⑥ たいようの 光。（　）

⑦ 広 い 海。（　）

2 □に かん字を 書きましょう。

① まっすぐ □《まえ》 に すすむ。

② ゆめが □《ひろ》 がる。

③ ふく□《げん》 された いせき。

④ □《いわ》 に よじのぼる。

⑤ 人に みちを □《おし》 えた。

⑥ □《ひかり》 を はっする。

⑦ ライトの □《ひかり》。

⑧ □《まえ》 を むく。

⑨ りょう手を □《ひろ》 げる。

⑩ □《さかな》 つりを する。

⑪ □《た》 べものを かう。

⑫ □《すい》□《ちゅう》 に もぐる。

教科書 上67～80ページ
答え 3ページ

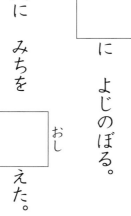

ぴったり2 れんしゅう

かん字の ひろば① 1年生で ならった かん字

教科書 上81ページ
答え 3ページ

月　　日

1 かん字を 読みましょう。

①（　　）夕日が しずむ。

② ともだちの すむ（　　）町。

③（　　）森には 木が しげる。

④（　　）学校の とけいを 見る。

⑤ しずかな（　　）村。

⑥（　　）林の そばを 歩く。

⑦（　　）車が はしって いく。

2 □に かん字を 書きましょう。

① □《あか》い やねの いえ。

② □《がっ》□《こう》を たずねる。

③ □《あお》い 海。

④ 太った □《おう》さま。

⑤ □《かい》がらを あつめる。

⑥ □《かわ》で つりを たのしむ。

⑦ □《た》んぼや はたけ。

⑧ □《もり》で きのこを とる。

⑨ □《むら》の おまつり。

⑩ □《まち》に 店を ひらく。

⑪ □《やま》に のぼる。

⑫ □《くるま》で りょこうする。

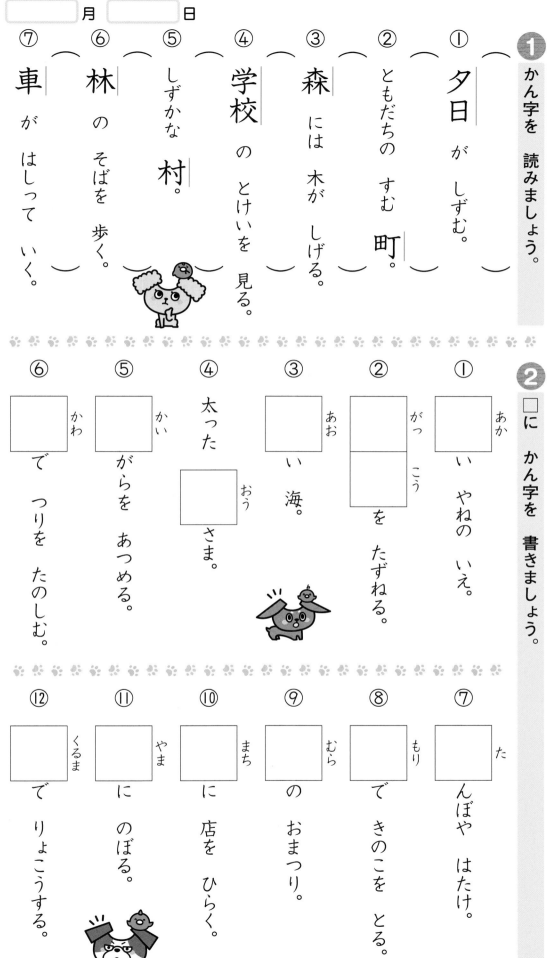

月　　日

ぴったり1 じゅんび

メモを とる とき こんな もの、見つけたよ
丸、点、かぎ

教科書 上82～89ページ

新しく がくしゅうする かん字

家　池　組　後　数　丸　点　買

なんども くりかえして 書きましょう！

家

教科書上 83 ページ

はねる

10かく　うかんむり

読み方
カ・ケ
いえ
や

つかい方
画家《がか》・家来《けらい》
家《いえ》を たてる
家《や》ちん

でき方

豕 は ぶたの形。たいせつな かちくを かう いえを あらわした字。

なぞりましょう：家の 近く　わたしの 家　家を たてる　家に かえる

池

教科書上 83 ページ

長めに　はねる

6かく　さんずい

読み方
チ
いけ

つかい方
ちょ水池《すいち》
池《いけ》の こい
ため池《いけ》

形の にた 字
地《ち》　池

ちがいは どこかな？

なぞりましょう：池に おちる　ふかい 池

組

教科書上 84 ページ

りょうがわに出す

11かく　いとへん

読み方
ソ
くむ
くみ

つかい方
組《そ》しき
組《く》み合《あ》わせ
同《おな》じ組《くみ》

ちゅうい
「組み立て」などは おくりがなが ついて、「二年一組」などは つかないよ。

なぞりましょう：組み立て　足を組む

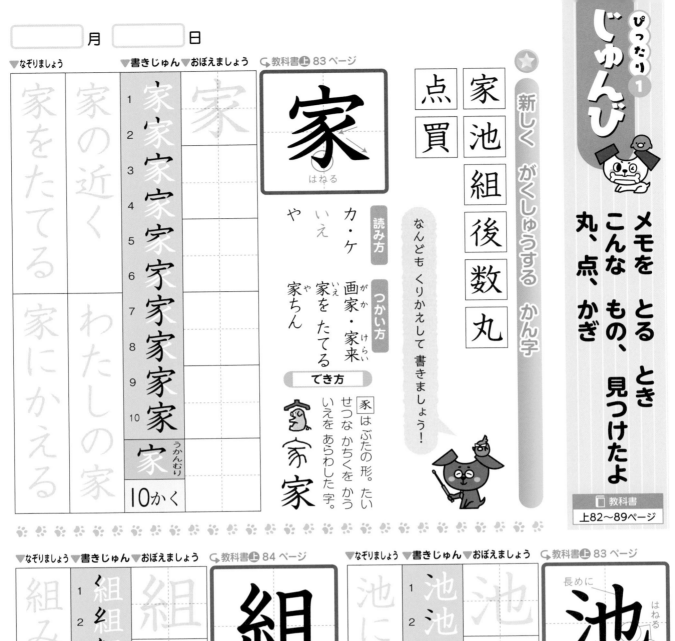

月　日

▼なぞりましょう ▼書きじゅん ▼おぼえましょう 教科書上 85 ページ

後

とめる　はらう

読み方

ゴ・コウ
のち
うしろ
あと
◆おくれる

つかい方

前後《ぜんご》・後方《こうほう》
くもり 後《のち》 雨《あめ》
後《うし》ろむき

ちゅうい

○後　×後　×後

形に 気を つけて 書こうね。

書きじゅん 1〜9

後 ぎょうにんべん

9かく

前と後ろ
後ろを見る

▼なぞりましょう ▼書きじゅん ▼おぼえましょう 教科書上 85 ページ

数

つけない　はらう

読み方

スウ
かず
かぞえる
◆ス

つかい方

算数《さんすう》
数《かず》すくない
数《かず》を 数《かぞ》える

形の にた 字

数える　教える

ちがいは どこかな？

書きじゅん 1〜13

数 のぶん ぼくづくり

13かく

数が多い
数がふえる

▼なぞりましょう ▼書きじゅん ▼おぼえましょう 教科書上 89 ページ

丸

はねる

読み方

ガン
まる
まるい
まるめる

つかい方

ほう丸《がん》なげ
丸《まる》で かこむ
丸《まる》い 玉《たま》

でき方

がけの 下で 体を まるめた 人の 形から できた。

書きじゅん 1〜3

丸 てん

3かく

丸をつける
丸い月

▼なぞりましょう ▼書きじゅん ▼おぼえましょう 教科書上 89 ページ

点

むきに ちゅうい

読み方

テン

つかい方

点《てん》を つける
百点《ひゃくてん》まん点《てん》
点線《てんせん》

形の にた 字

点 と 店

も 点が 同じで、どちら も「テン」と 読みます。

書きじゅん 1〜9

点 れんが れっか

9かく

点と丸
点をとる

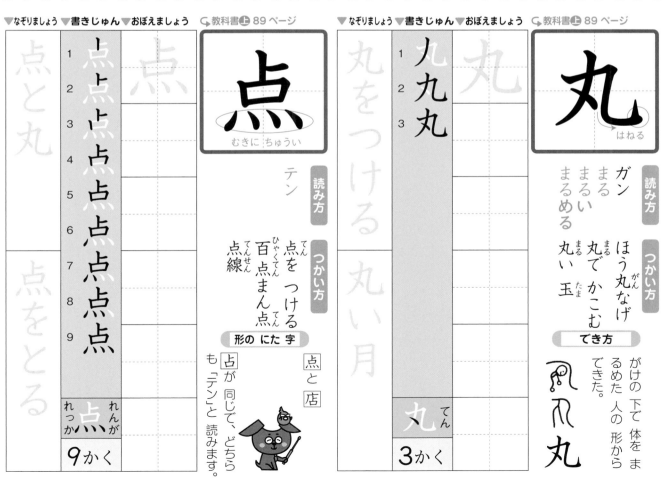

月　日

▼なぞりましょう ▼書きじゅん ▼おぼえましょう　教科書上 89ページ

買

ひらたく　はらう　とめる

読み方
バイ
かう

つかい方
売買《ばいばい》する
本《ほん》を 買《か》う
買《か》いもの

ちゅうい
×罒見　○買
下の「貝」は、お金の いみ なんだよ。

書きじゅん：1〜12

こがい（貝）かい

12かく

パンを買う
買いしめる

☆読み方が 新しい かん字

かん字	読み方	つかい方	前に 出た 読み方
話	ワ	会話《かいわ》する	話《はな》す

書き方に ちゅういする かん字

魚　点

「魚」と「点」には、どちらも「灬」が つきます。「灬」は、四つの 点の むきに ちゅういが ひつようです。

一かく目だけ 右上から 左下に むけて 点を 書き、二かく目から 四かく目は、左上から 右下に むけて 点を 書きます。

ぜんぶ 同じ むきに なってしまわないように、気を つけましょう。

刀　切

「刀」と「切」には、どちらも「刀」が あります。「刀」は「力」と 形が にていますが、上の ぶぶんを つき出しません。ちゅういして 書きましょう。

　　月　　日

ぴったり2 れんしゅう

メモを とる とき
こんな もの、見つけたよ
丸、点、かぎ

教科書 上82～89ページ
答え 4ページ

1 かん字を 読みましょう。

① 家（　）を たてる。

② 池（　）の 絵を かく。

③ 手を 組（　）む。

④ 後（　）ろむきに なる。

⑤ つみきの 数（　）を かぞえる。

⑥ ケーキを 買（　）った。

⑦ 文に 丸（　）を つける。

2 □に かん字を 書きましょう。

① 新しい □《いえ》に ひっこす。

② □《いえ》の 中で すごす。

③ □《いけ》の 水どりたち。

④ 文に □《てん》を つける。

⑤ プラモデルを □《く》み立てる。

⑥ いすの □《うし》ろ。

⑦ □《まる》で かこむ。

⑧ テストで 百□《てん》を とる。

⑨ 花を □《か》う。

⑩ □《か》いものに 出かける。

⑪ いすの □《かず》。

⑫ □《かい》□《わ》が はずむ。

ぴったり1 じゅんび

あったらいいな、こんなもの
夏がいっぱい
お気に入りの本をしょうかいしよう

教科書 上90～100ページ

新しくがくしゅうするかん字

引 羽 雲 夏 公 園

月　　日

教科書上 90ページ

引

はねる

読み方
イン
ひく
ひける

つかい方
太陽《たいよう》の引力《いんりょく》
線《せん》を引《ひ》く
気《き》が引《ひ》ける

でき方
弓と丨（まっすぐひいた形）を組《く》み合《あ》わせた字。

引

書きじゅん 1〜4
引（ゆみへん）　4かく

なぞりましょう：気が引ける　引きざん　つな引き　引き上げる

教科書上 91ページ

羽

むきにちゅうい　はねる

読み方
は
はね
◆ウ

つかい方
羽根《はね》つき
三羽《さんば》の鳥《とり》
カラスの羽《はね》

でき方
二まいのとりのはねの形からできた字。

羽

書きじゅん 1〜6
羽（はね）　6かく

なぞりましょう：とんぼの羽　羽が生える

教科書上 92ページ

雲

下を長く　とめる

読み方
ウン
くも

つかい方
せきらん雲《うん》
入道雲《にゅうどうぐも》
黒《くろ》い雨雲《あまぐも》

でき方
雨と云（ゆげの形、くもの形）を組み合わせた字。

雲

書きじゅん 1〜12
雨（あめかんむり）　12かく

なぞりましょう：雲がわく　雲の上

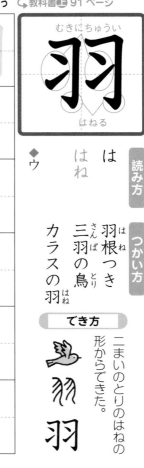

月　日

▼なぞりましょう ▼書きじゅん ▼おぼえましょう　教科書上94ページ

夏

やや長く　つける

読み方　カ　なつ　◆ゲ

つかい方　初夏《しょか》の風《かぜ》　夏休《なつやす》み　夏《なつ》みかん

はんたいの字　冬《ふゆ》　夏

書きじゅん　1　2　3　4　5　6　7　8　9　10

夊　ふゆがしら　すいにょう

10かく

夏になる　あつい夏

▼なぞりましょう ▼書きじゅん ▼おぼえましょう　教科書上99ページ

公

あける　とめる

読み方　コウ　◆おおやけ

つかい方　公園《こうえん》　公平《こうへい》　公表《こうひょう》する

でき方

八（ひらく）と厶（くち）で、入り口をあけて中を見せるいみの字。

書きじゅん　1　2　3　4

八　はち

4かく

公園の草花　公へいな人

▼なぞりましょう ▼書きじゅん ▼おぼえましょう　教科書上99ページ

園

下を長く　とめる

読み方　エン　◆その

つかい方　公園《こうえん》へ行《い》く　どうぶつ園《えん》　ようち園《えん》

い　み

園や国の口（くにがまえ）は、かこいをあらわすよ。

書きじゅん　1　2　3　4 5　6　7 8　9　10　11　12　13

囗　くにがまえ

13かく

園長さん　ゆう園ち

読み方が新しいかん字

かん字	読み方	つかい方	前に出た読み方
店	テン	店長《てんちょう》になる	店《みせ》
長	チョウ	校長先生《こうちょうせんせい》	長《なが》い

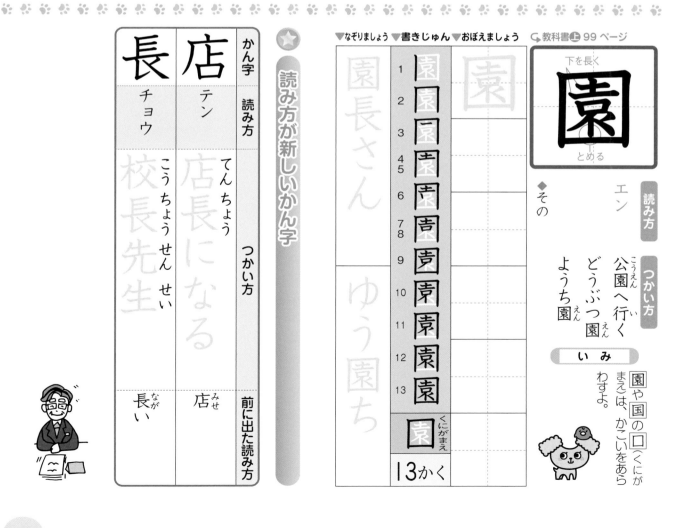

□月□日

ぴったり2

れんしゅう

あったらいいな、こんなもの
夏がいっぱい
お気に入りの本をしょうかいしよう

📖 教科書 上90～100ページ
答え 4ページ

1 かん字を読みましょう。

① 姉に手を 引（　）かれる。

② 羽（　）を休める。

③ 雲（　）の上。

④ 夏（　）になる。

⑤ 書店（　）に行く。

⑥ 校長（　）先生と話す。

⑦ 夏休（　）みになる。

2 □にかん字を書きましょう。

① 十から三を□《ひ》く。

② カラスの□《はね》。

③ 空の□《くも》にのりたい。

④ ひこうき□《ぐも》が見える。

⑤ あつい□《なつ》の日。

⑥ 妹はようち□《えん》にかよう。

⑦ パンやさんの□□《てんちょう》。

⑧ □□《しゃちょう》にたのむ。

⑨ □□《こうえん》にあつまる。

⑩ 三ごう□《てん》ができる。

⑪ どうぶつ□《えん》に行く。

⑫ 考えを□《ひ》き出す。

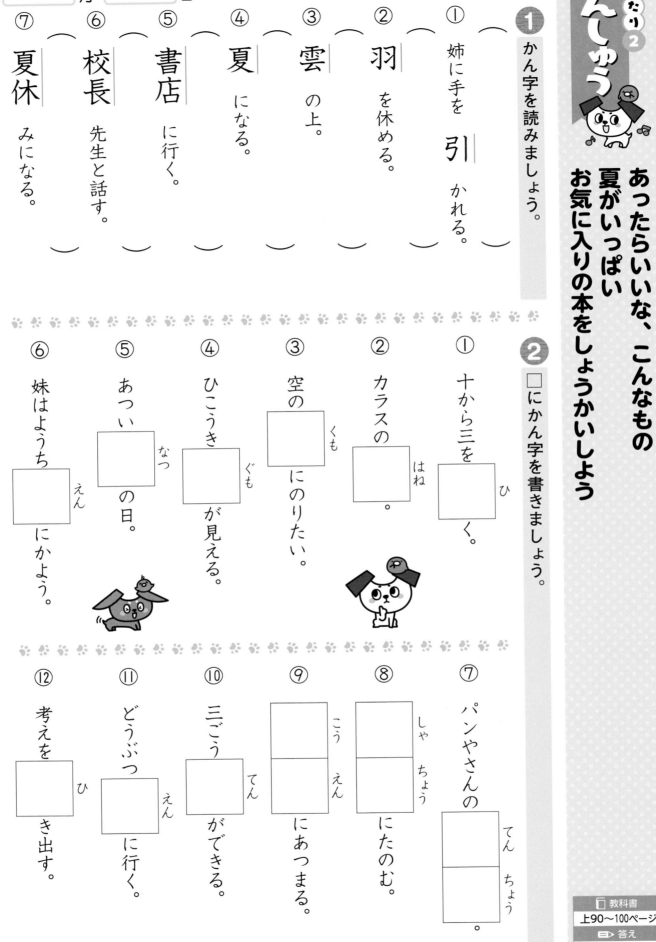

ミリーのすてきなぼうし

教科書 上101～113ページ

新しくがくしゅうするかん字

通 万 頭 来 鳥 歌

月　　日

▼なぞりましょう ▼書きじゅん ▼おぼえましょう 教科書上 101ページ

通

つき出す
ひとふでで書く

読み方
ツウ
とおる
とおす
かよう
◆ツ

つかい方
右《みぎ》がわ通行《つうこう》
大通《おおどお》り
学校《がっこう》に通《かよ》う

いみ
「通《つう》」は、「一通、二通…」と、手紙などをかぞえるのにもつかうね。

しんにょう（しんにゅう）
10かく

通り雨
ひもを通す
通りかかる
通される

▼なぞりましょう ▼書きじゅん ▼おぼえましょう 教科書上 102ページ

万

はねる

読み方
マン
◆バン

つかい方
一万円《いちまんえん》
何万《なんまん》びき
万《まん》に一《ひと》つ

なかまの字
☆数のかん字
一 十 百 千 万

いち
3かく

十万本
万一のとき

▼なぞりましょう ▼書きじゅん ▼おぼえましょう 教科書上 104ページ

頭

ななめに
とめる

読み方
トウ
ズ
あたま
◆ト
◆かしら

つかい方
先頭《せんとう》に立《た》つ
頭《ず》つう
頭《あたま》を下《さ》げる

いみ
頭と顔《かお》の頁（おおがい）は、人のあたまの形をあらわすんだよ。

おおがい
16かく

くぎの頭
頭をひやす

月　日

来

▼なぞりましょう ▼書きじゅん ▼おぼえましょう　教科書上 110 ページ

来（下を長く・とめる・はらう）

書きじゅん 1〜7

木《き》

7かく

なぞりましょう：ふゆが来る　人が来る

読み方
ライ
くる
◆きたる
◆きたす

つかい方
来月《らいげつ》
バスが来《く》る
春《はる》が来《き》た

ちゅうい
「来《こ》ない」

「来《く》る」

「来《き》た」

下の言い方によって、読み方がかわるんだね。

鳥

▼なぞりましょう ▼書きじゅん ▼おぼえましょう　教科書上 110 ページ

鳥（むきにちゅうい）

書きじゅん 1〜11

鳥 とり

11かく

なぞりましょう：鳥がなく　水鳥のむれ

読み方
チョウ
とり

つかい方
白鳥《はくちょう》がとぶ
鳥《とり》のすばこ
わたり鳥《どり》

でき方
とりの形からできた。

歌

▼なぞりましょう ▼書きじゅん ▼おぼえましょう　教科書上 110 ページ

歌（とめる・はねる）

書きじゅん 1〜14

欠 かける あくび

14かく

なぞりましょう：歌をつくる　大声で歌う

読み方
カ
うた
うたう

つかい方
学校《がっこう》の校歌《こうか》
明《あか》るい歌声《うたごえ》
歌《うた》を歌《うた》う

ちゅうい
可のぶぶんは、一のつぎに口を書くよ。

読み方が新しいかん字

かん字	読み方	つかい方	前に出た読み方
足	たりる	足《た》りない	右足《みぎあし》
空	から	空《から》になる	空《そら》

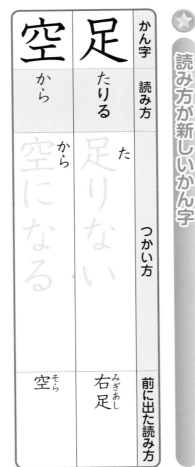

ミリーのすてきなぼうし

教科書 上101〜113ページ
答え 4ページ

月　日

1 かん字を読みましょう。

① 車がたくさん通る。（　　）
② 一万円さつを出す。（　　）
③ クイズに頭をひねる。（　　）
④ 妹が来る。（　　）
⑤ すきな歌が聞こえる。（　　）
⑥ 数が足りない。（　　）
⑦ はこの中が空になる。（　　）

2 □にかん字を書きましょう。

① □《おお》□《どお》りに出る。
② □《まん》に一つのかのうせい。
③ □《あたま》が下がる。
④ 冬《ふゆ》が□《く》る。
⑤ とおくからやって□《き》た。
⑥ □《うた》って、おどった。

⑦ 十□《まん》本の花。
⑧ 手を□《あたま》にのせる。
⑨ □《あたま》がいたい。
⑩ □《とり》がとんでいく。
⑪ すこしの水で□《た》りる。
⑫ 引き出しを□《から》っぽにする。

夏のチャレンジテスト

時間30分
／100
ごうかく80点

教科書 上19〜113ページ
答え 5ページ

1 ―線のかん字の読みがなを書きましょう。

一つ2点（22点）

① ていねいに字を書く。（　）
② 本を読んで知った。（　）（　）
③ 南からくるわたり鳥。（　）（　）
④ 春のはじめにふる雪。（　）（　）
⑤ 黄色いたんぽぽとわた毛。（　）（　）
⑥ 公園へあそびに行った。（　）（　）

2 赤いぶぶんをさいしょに書くかん字には、○をつけましょう。そうではないかん字には、×をつけましょう。

一つ2点（24点）

① 妹（　）
② 雲（　）
③ 店（　）
④ 光（　）
⑤ 声（　）
⑥ 岩（　）
⑦ 夏（　）
⑧ 聞（　）
⑨ 刀（　）
⑩ 考（　）
⑪ 丸（　）
⑫ 点（　）

3 上のことばとはんたいのいみのことばを、かん字をつかって書きましょう。

一つ3点(24点)

① ひくい ― □い

② せまい ― □い

③ ほそい ― □い

④ とおい ― □い

⑤ みじかい ― □い

⑥ うる ― □う

⑦ すくない ― □い

⑧ 雨 ― □れ

4 つぎの□に、かん字を書きましょう。

一つ3点(30点)

① そよ□《かぜ》

② □《ひ》きざん

③ えき□《まえ》

④ ぶた□《にく》

⑤ □《き》□《しゃ》にのる。

⑥ おとぎ□《ばなし》

⑦ □《かい》□《しゃ》につとめる。

⑧ いけんを□《い》う。

⑨ 木の□《き》りかぶ。

⑩ □《か》□《よう》□《び》に出かける。

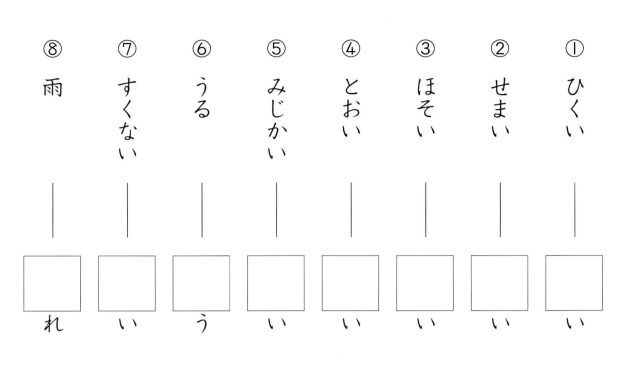

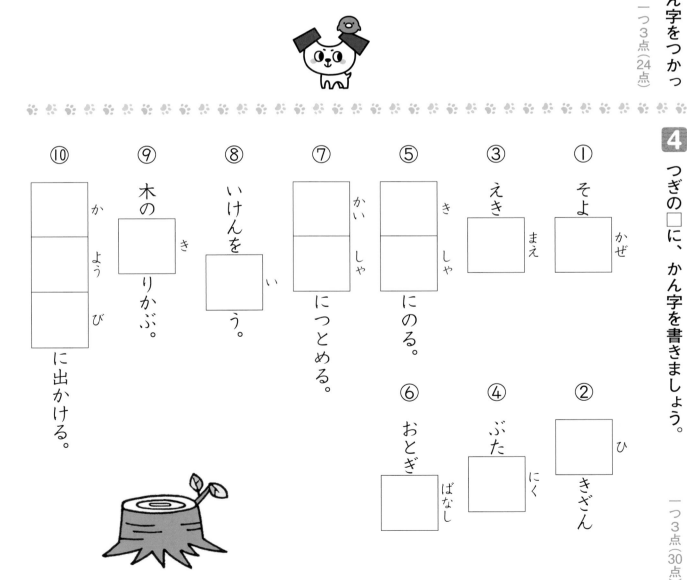

月　日

ぴったり1 じゅんび

ことばでみちあんない　みの回りのものを読もう　書いたら、見直そう

教科書　上116～121ページ

新しくがくしゅうするかん字

分　回　直　紙　遠　友

ちょうせんしましょう！

教科書上 117 ページ

分

あける　出さない　はねる

読み方
ブン・フン
ブ
わかる
わける
わかれる
わかつ

つかい方
半分《はんぶん》・五分《ごふん》
ひき分《わ》ける
よく分《わ》かる

でき方

刀で二つに切って分ける形《かたち》からできた。

▼書きじゅん
1 2 3 4

分　かたな

4かく

▼おぼえましょう

▼なぞりましょう
話が分かる
聞き分ける
分からない
分け前

教科書上 117・118 ページ

回

さいごに書く

読み方
カイ
◆エ
まわる
まわす

つかい方
回《かい》らんする
目《め》が回《まわ》る
こまを回《まわ》す

でき方

ぐるぐる回るうずまきの形からできた。

▼書きじゅん
1 2 3 4 5 6

口　くにがまえ

6かく

▼おぼえましょう

▼なぞりましょう
三回ころぶ
回りを見る

教科書上 120 ページ

直

つける

読み方
チョク
ジキ
ただちに
なおす
なおる

つかい方
直線《ちょくせん》・正直《しょうじき》
直《ただ》ちに行《い》く
作《つく》り直《なお》す

はんたいの字

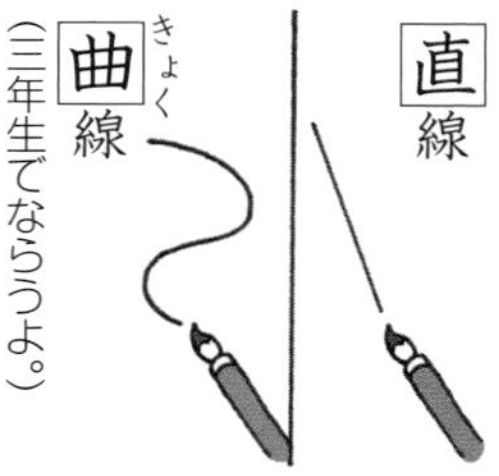

▼書きじゅん
1 2 3 4 5 6 7 8

目　め

8かく

▼おぼえましょう

▼なぞりましょう
読み直す
書き直し

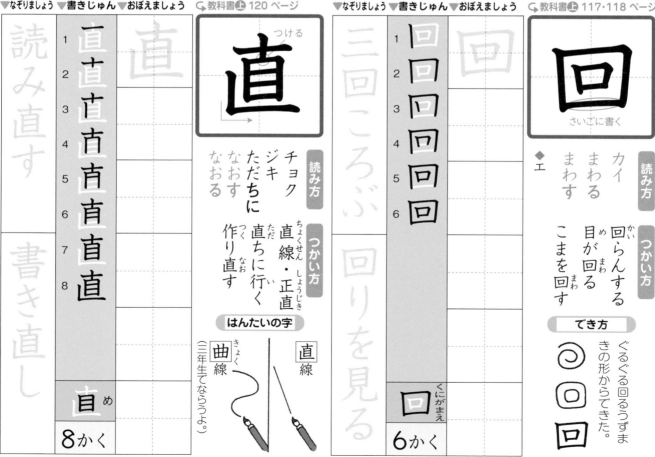

　　月　　日

▼なぞりましょう▼書きじゅん▼おぼえましょう　教科書上 120 ページ

遠

ひとふでで書く　とめる

13かく

しんにょう（しんにゅう）

読み方
エン
とおい
◆オン

つかい方
遠足《えんそく》に行《い》く
遠《とお》いむかし
遠《とお》くの人《ひと》

なかまの字
☆辶があるかん字
道《みち》　週《しゅう》　遠　通　近

遠方の人
遠りょする

▼なぞりましょう▼書きじゅん▼おぼえましょう　教科書上 120 ページ

紙

はねる

10かく

いとへん

読み方
シ
かみ（がみ）

つかい方
本《ほん》の表紙《ひょうし》
紙《かみ》しばい
手紙《てがみ》を書《か》く

い　み
糸（いとへん）があるのは、「かみ」をせんいでつくったから。

紙に書く
手紙を出す

▼なぞりましょう▼書きじゅん▼おぼえましょう　教科書上 120 ページ

友

はらう

4かく

また

読み方
ユウ
とも

つかい方
友人《ゆうじん》が多《おお》い
親友《しんゆう》になる
友《とも》だち

形のにた字
左　友

ちがいはどこかな？

友だち
したしい友

☆読み方が新しいかん字

かん字	読み方	つかい方	前に出た読み方
会	あう	先生《せんせい》に出会《であ》う	会社《かいしゃ》
足	ソク	遠足《えんそく》に行《い》く	右足《みぎあし》 足《た》りる

ぴったり2 れんしゅう

ことばでみちあんない みの回りのものを読もう 書いたら、見直そう

教科書 上116〜121ページ
答え 5ページ

月　　日

1 かん字を読みましょう。

①（　）話がよく分かる。

②（　）クラスで回らんする。

③（　）目が回る。

④（　）新しく書き直す。

⑤（　）紙くずをすてる。

⑥（　）遠足に行く。

⑦（　）友だちとあそぶ。

2 □にかん字を書きましょう。

① 食べものを□《わ》ける。

② 引き□《わ》けになる。

③ みの□《まわ》りのせわをする。

④ 文しょうを書き□《なお》す。

⑤ □《かみ》しばいを見る。

⑥ □《て》□《がみ》をもらう。

⑦ □《えん》りょする。

⑧ □《とも》だちと出かける。

⑨ おばあちゃんに□《あ》う。

⑩ 妹のきげんが□《なお》る。

⑪ こまを□《まわ》してあそぶ。

⑫ □《わ》かれみちに出る。

ぴったり2 れんしゅう

かん字のひろば②　1年生でならったかん字

教科書 上122ページ
答え 5ページ

1 かん字を読みましょう。

①（　）さいこうの 天気。
②（　）かん 字 をれんしゅうする。
③（　）きれいな 花火 を見た。
④（　）文 しょうを読む。
⑤（　）糸 でんわであそぶ。
⑥（　）雨 にぬれてかえった。
⑦（　）口 をとじる。

2 □にかん字を書きましょう。

① □《げつ》□《よう》□《び》
② □《か》□《よう》□《び》
③ □《すい》□《よう》□《び》
④ □《もく》□《よう》□《び》
⑤ □《きん》□《よう》□《び》
⑥ □《ど》□《よう》□《び》

⑦ □《にち》□《よう》□《び》
⑧ □《むし》とりに行く。
⑨ にわの□《くさ》とりをした。
⑩ □《か》だんにたねをまく。
⑪ □《はや》おきは、気もちがよい。
⑫ □《みみ》をすます。

月　日

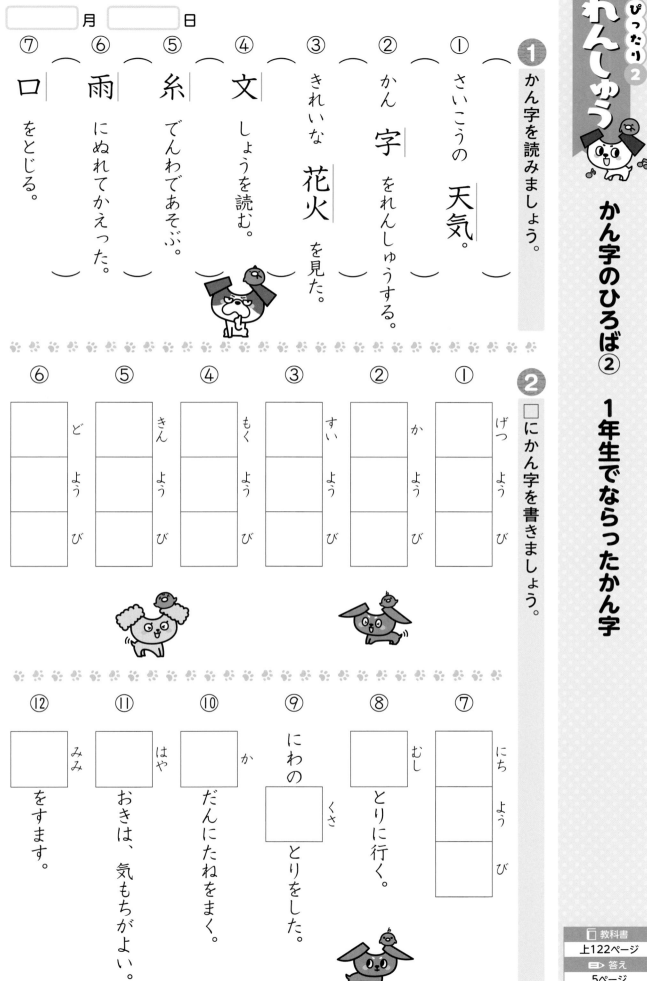

月　　日

ぴったり1 じゅんび

どうぶつ園のじゅうい ことばあそびをしよう

教科書 上123〜137ページ

新しくがくしゅうするかん字

朝 顔 毎 当 間 昼 半 電 外 楽 親

▼なぞりましょう ▼書きじゅん ▼おぼえましょう 教科書上 124 ページ

朝

はらう　はねる

読み方：チョウ　あさ

つかい方：朝食《ちょうしょく》　朝日《あさひ》がさす　朝《あさ》の空気《くうき》

はんたいの字：夕　朝

書きじゅん：1〜12　朝（つき）　12かく

朝がきた　朝ごはん　朝日がのぼる　あしたの朝

▼なぞりましょう ▼書きじゅん ▼おぼえましょう 教科書上 125 ページ

顔

ななめに

読み方：ガン　かお

つかい方：洗顔《せんがん》する　顔色《かおいろ》がよい　横顔《よこがお》

形のにた字：頭　顔

ちがいはどこかな？

書きじゅん：1〜18　顔（おおがい）　18かく

顔をむける　わらい顔

▼なぞりましょう ▼書きじゅん ▼おぼえましょう 教科書上 125 ページ

毎

長く　はねる　とめる

読み方：マイ

つかい方：毎日《まいにち》のこと　毎朝《まいあさ》の食事《しょくじ》　毎週《まいしゅう》の月曜《げつよう》

ちゅうい：○毎　×毎　下のぶぶんは「母」ではないよ。

書きじゅん：1〜6　毎（なかれ）　6かく

毎年さく花　毎ばん

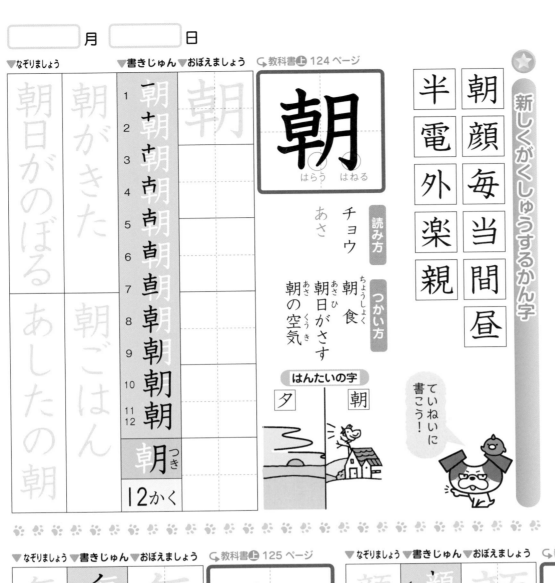

　　月　　日

▼なぞりましょう ▼書きじゅん ▼おぼえましょう　教科書上 126 ページ

当

出さない

読み方
トウ
あてる
あたる

つかい方
当番《とうばん》
手当《てあ》てする
くじが当《あ》たる

はんたいの字
外《はず》れる　当たる

当《しょう》　6かく

1 2 3 4 5 6

当　当たり年　日に当てる

▼なぞりましょう ▼書きじゅん ▼おぼえましょう　教科書上 126・130 ページ

間

とめる　はねる

読み方
カン
ケン(ゲン)
あいだ
ま

つかい方
空間《くうかん》・人間《にんげん》
木《き》と木《き》の間《あいだ》
大広間《おおひろま》

形のにた字
聞《き》く　間

ちがいはどこかな？

門《もんがまえ》　12かく

1 2 3 4 5 6 7 8 9 10 11 12

間　人間の社会　本と本の間

▼なぞりましょう ▼書きじゅん ▼おぼえましょう　教科書上 127 ページ

昼

つける　長めに

読み方
チュウ
ひる

つかい方
昼食《ちゅうしょく》
昼《ひる》と夜《よる》
昼休《ひるやす》み

ちゅうい
○昼　×昼
形に気をつけて書きましょう。

日《ひ》　9かく

1 2 3 4 5 6 7 8 9

昼　昼になる　昼ごはん

▼なぞりましょう ▼書きじゅん ▼おぼえましょう　教科書上 127 ページ

半

長く

読み方
ハン
なかば

つかい方
半分《はんぶん》ずつ
朝《あさ》の七時半《しちじはん》
試合《しあい》の半《なか》ば

でき方
うしを二つに分ける形から、「はんぶん」をあらわす字。

十《じゅう》　5かく

1 2 3 4 5

半　半分に切る　半年すぎた

月　日

▼なぞりましょう ▼書きじゅん ▼おぼえましょう

教科書上 129 ページ

電

はねる　出さない

読み方
デン

つかい方
電話《でんわ》する
電車《でんしゃ》にのる
電気自動車《でんきじどうしゃ》

でき方
雨雲から、いな光がおちてくるようすからできた。

電　あめかんむり
13かく

テレビ電話
てい電する

▼なぞりましょう ▼書きじゅん ▼おぼえましょう

教科書上 131 ページ

外

出さない　とめる

読み方
ガイ
そと・ほか
はずす
はずれる
◆ゲ

つかい方
外国《がいこく》へ行《い》く
外《そと》へ出《で》る
戸《と》を外《はず》す

はんたいの字

内　外

ゆうべ　外　た
5かく

外がわ
家の外

▼なぞりましょう ▼書きじゅん ▼おぼえましょう

教科書上 136 ページ

楽

とめる

読み方
ガク
ラク
たのしむ
たのしい

つかい方
音楽《おんがく》・気楽《きらく》
楽《たの》しみ
楽《たの》しい遠足《えんそく》

い み
「音楽」のいみから、音楽はたのしいので、「楽しい」のいみができたよ。

楽　き
13かく

歌を楽しむ
楽しそうだ

▼なぞりましょう ▼書きじゅん ▼おぼえましょう

教科書上 137 ページ

親

みじかくとめる　はねる

読み方
シン
おや
したしむ
したしい

つかい方
親友《しんゆう》になる
カモの親子《おやこ》
本《ほん》に親《した》しむ

組になる字

子　親

親　みる
16かく

親しくする
森に親しむ

月　日

読み方が新しいかん字

かん字	読み方	つかい方	前に出た読み方
大	タイ	大木《たいぼく》を切《き》る	大《おお》きい 大《だい》すき
切	セツ	大切《たいせつ》にする	切《き》れる 切《き》る
分	ブン	半分《はんぶん》に切《き》る	なかま分《わ》け
人	ニン	人気《にんき》がある	人《ひと》・名人《めいじん》
後	あと	後《あと》で会《あ》う	後《うし》ろ
数	かぞえる	数《かず》を数《かぞ》える	数《かず》

なかまのかん字をあつめましょう。
一日のじかんをあらわすかん字です。

朝 → 昼 → 夕（夕がた） → 夜《よる》 → 朝

かん字クイズ5

右の三つの絵から、「夏」というかん字が思いうかびますね。
次の①と②の絵から思いうかぶかん字を、下からえらんで○でかこみましょう。

答え13ページ

①

毛　足
長　園

②

楽　図
音　読

月　　日

ぴったり2 れんしゅう

どうぶつ園のじゅうい
ことばあそびをしよう

教科書 上123〜137ページ
答え 6ページ

1 かん字を読みましょう。

① 朝日がさしている。（　）
② うれしそうな顔。（　）
③ 毎日、かならずすること。（　）
④ まとに当てる。（　）
⑤ かべとつくえの間。（　）
⑥ 昼ごはんを食べる。（　）
⑦ 半分にしたバナナ。（　）

2 □にかん字を書きましょう。

① □《でん》□《わ》に出る。
② □《そと》に出る。
③ かるたを□《たの》しむ。
④ 本に□《した》しむ。
⑤ □《あと》で知らせます。
⑥ □《にん》□《げん》の体。

⑦ レモンを□《はん》□《ぶん》に切る。
⑧ □《まい》□《かい》くりかえす。
⑨ □《たい》□《せつ》な手紙。
⑩ □《かぞ》え歌を歌う。
⑪ □《あさ》にさんぽする。
⑫ てん校生と□《した》しくなる。

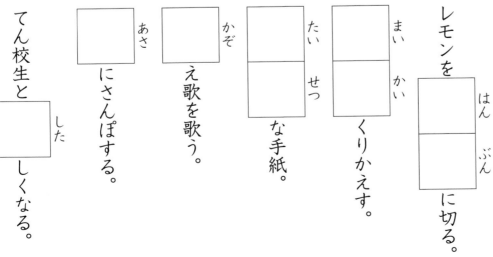

月　日

ぴったり1 じゅんび

なかまのことばとかん字
かん字のひろば③ 1年生でならったかん字

教科書 上138〜140ページ

新しくがくしゅうするかん字

父 母 兄 弟 午 夜
科 国 語 算 活 工

教科書上 138 ページ

父

あける
はらう

読み方：フ／ちち

つかい方：父母《ふぼ》（ちちはは）　父《ちち》と話《はな》す　父親《ちちおや》

組になる字：母　父

書きじゅん：1 2 3 4

父《ちち》　4かく

なぞりましょう：父親　父の日　やさしい父　父と子

教科書上 138 ページ

母

点
とめる
はねる

読み方：ボ／はは

つかい方：母国《ぼこく》に帰《かえ》る　母《はは》の日《ひ》　母親《ははおや》

ちゅうい
○母　×毋
「毋」の下がわとちがうから、気をつけよう。

書きじゅん：1 2 3 4 5

母《なかれ》　5かく

なぞりましょう：母親　父と母

教科書上 138 ページ

兄

はらう
はねる

読み方：キョウ／あに／◆ケイ

つかい方：兄弟《きょうだい》　兄《あに》は中学生《ちゅうがくせい》　二《ふた》つ上《うえ》の兄《あに》

組になる字：弟　兄

書きじゅん：1 2 3 4 5

兄《ひとあし》《にんにょう》　5かく

なぞりましょう：兄とあそぶ　兄のつくえ

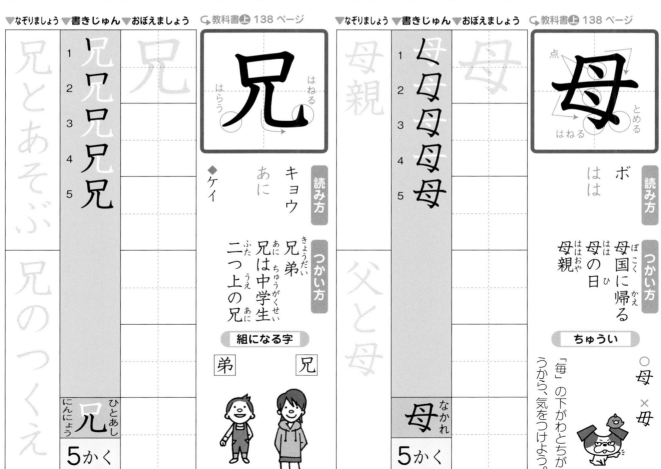

月　　日

▼なぞりましょう ▼書きじゅん ▼おぼえましょう　教科書上 138 ページ

午

出さない　長く

読み方
ゴ

つかい方
午前《ごぜん》七時《しちじ》
午後《ごご》五時《ごじ》
正午《しょうご》

いみ

午前
正午
午後

書きじゅん 1 2 3 4
十 じゅう
4かく

正午
午前と午後

▼なぞりましょう ▼書きじゅん ▼おぼえましょう　教科書上 138 ページ

弟

はねる

読み方
ダイ
おとうと
◆テイ
◆デ

つかい方
三人兄弟《さんにんきょうだい》
弟《おとうと》のせわ
弟《おとうと》と妹《いもうと》

なかまの字
☆きょうだいのかん字

兄　姉　妹　弟

書きじゅん 1 2 3 4 5 6 7
弓 ゆみ
7かく

弟ができた
弟のせわ

▼なぞりましょう ▼書きじゅん ▼おぼえましょう　教科書上 139 ページ

科

とめる

読み方
カ

つかい方
教科書《きょうかしょ》
学校《がっこう》の科目《かもく》
科学《かがく》

形のにた字
料《りょう》　科
(四年生でならうよ。)

ちがいはどこかな？

書きじゅん 1 2 3 4 5 6 7 8 9
禾 のぎへん
9かく

生活科
内科に行く

▼なぞりましょう ▼書きじゅん ▼おぼえましょう　教科書上 138 ページ

夜

とめる　はらう

読み方
ヤ
よ
よる

つかい方
夜間《やかん》
夜空《よぞら》の星《ほし》
夜《よる》のやみ

はんたいの字
昼　夜

書きじゅん 1 2 3 4 5 6 7 8
夕 ゆうべ た
8かく

昼と夜
夜にかえる

月　日

▼なぞりましょう ▼書きじゅん ▼おぼえましょう　教科書上 139ページ

語学の本

じゅつ語

語

長めに

読み方

ゴ

かたる

かたらう

つかい方

国語《こくご》の時間《じかん》

ゆめを語《かた》る

友《とも》と語《かた》らう

いみのにた字

語　語り合《あ》う・物語《ものがたり》

話　話し合う・お話

語 ごんべん

14かく

▼なぞりましょう ▼書きじゅん ▼おぼえましょう　教科書上 139ページ

国王になる

国りつ大学

国

わすれないで

長めに

読み方

コク

くに

つかい方

国語《こくご》

外国《がいこく》へ行《い》く

雪国《ゆきぐに》の町《まち》

ちゅうい

×国　○国

「、」をわすれないようにしましょう。

国 くにがまえ

8かく

▼なぞりましょう ▼書きじゅん ▼おぼえましょう　教科書上 139ページ

生活する

活ぱつな人

活

つける

読み方

カツ

つかい方

生活科《せいかつか》

大活《だいかつ》やく

活気《かっき》がある

なかまの字

☆氵があるかん字

海　活

池　汽

活 さんずい

9かく

▼なぞりましょう ▼書きじゅん ▼おぼえましょう　教科書上 139ページ

算数の本

けい算する

算

長く

はらう

とめる

読み方

サン

つかい方

国語《こくご》と算数《さんすう》

数《かず》の計算《けいさん》

足《た》し算《ざん》

いみ

むかしは竹のぼうをつかってけい算したので、⺮（たけかんむり）があるよ。

算 たけかんむり

14かく

月　日

▼なぞりましょう▼書きじゅん▼おぼえましょう　教科書上 139ページ

工

出さない
長く

読み方　コウ　ク

つかい方
図工《ずこう》の時間《じかん》
ガラス工場《こうじょう》
大工《だいく》さん

形のにた字
土　工

ちがいはどこかな？

1 2 3
工 工 工

工じをする
人工ちのう

工《え》（たくみ）
3かく

「父・母・兄・姉・弟・妹」は、かぞくをあらわすかん字です。なかまのかん字は、まとめておぼえておくとわすれにくいですよ。新しいかん字をならうときは、なかまのかん字がないか、さがしてみましょう。

読み方が新しいかん字

かん字	読み方	つかい方	前に出た読み方
親	おや	父親《ちちおや》と母親《ははおや》	親《した》しむ・親《した》しい
前	ゼン	午前《ごぜん》・前回《ぜんかい》	名前《なまえ》
後	ゴ	午後《ごご》・前後《ぜんご》	後《うし》ろ・後《あと》
教	キョウ	教科《きょうか》・教科書《きょうかしょ》	教《おし》える
数	スウ	算数《さんすう》・数字《すうじ》	数《かず》・数《かぞ》える
楽	ガク	音楽《おんがく》・楽《がっ》き	楽《たの》しむ・楽《たの》しい
図	ズ	紙《かみ》に図《ず》をかく	図書館《としょかん》
体	タイ	体《たい》いくかん	体《からだ》
小	ショウ	小学校《しょうがっこう》	小《ちい》さい・小刀《こがたな》

　　月　　日

ぴったり2 れんしゅう

なかまのことばとかん字

教科書 上138〜139ページ
答え 6ページ

1 かん字を読みましょう。

① かもの 親子（　　）。
② 父（　　）と話す。
③ 母（　　）とわたし。
④ 二つ上の 兄（　　）。
⑤ あすの 午前（　　）。
⑥ 午後（　　）のじかん。
⑦ 教科書（　　）をひらく。

2 □にかん字を書きましょう。

① □《よる》に出かける。
② がい□《こく》のことば。
③ きょうつう□《ご》で話す。
④ □《さん》□《すう》のべんきょう。
⑤ □《たい》そうをする。
⑥ □《おん》□《がく》のじかん。

⑦ 四人で□《せい》□《かつ》する。
⑧ 紙に□《ず》をかく。
⑨ □《おとうと》とあそぶ。
⑩ □《ず》□《こう》の先生。
⑪ □《はは》とかいものをする。
⑫ □《たい》じゅうをはかる。

ぴったり2 れんしゅう

かん字のひろば③　1年生でならったかん字

教科書 上140ページ
答え 6ページ

月　　日

1 かん字を読みましょう。

①（　　）目のけんさをする。

②（　　）きれいな花がさいた。

③（　　）先生もおうえんする。

④（　　）手をあげる。

⑤（　　）大きい魚をつる。

⑥（　　）かん字を正しくつかう。

⑦（　　）一年生がまっている。

2 □にかん字を書きましょう。

① □《ちい》さい魚がいる。

② せいれつして□《た》つ。

③ □《おと》あわせをする。

④ 外は□《しろ》い雪におおわれる。

⑤ ひな鳥が大きく□《くち》をあける。

⑥ 木に□《あか》いみがなる。

⑦ □《しろ》い雲。

⑧ □《くち》をあけてわらう。

⑨ □《ちゅう》ぐらいの大きさ。

⑩ かぶと虫を□《み》つける。

⑪ □《いし》をならべる。

⑫ □《しょう》□《がく》二年生になる。

月　日

ぴったり1 じゅんび

お手紙

教科書 下13～28ページ

新しくがくしゅうするかん字

自　時　帰　何　合

なんどもくりかえしてみよう！

教科書下 13ページ

自

ななめに

読み方
ジ
シ
みずから

つかい方
自分《じぶん》のこと
自然《しぜん》ほご
自《みずか》ら行《おこな》う

形のにた字
白　自

ちがいはどこかな？

▼書きじゅん　▼おぼえましょう

1 自　2 自　3 自　4 自　5 自　6 自

自　みずから

6かく

▼なぞりましょう

自分の話
自てん車
自しゅう
自どう車

教科書下 15ページ

時

わすれないで

読み方
ジ
とき

つかい方
時間《じかん》
朝《あさ》の八《はち》時《じ》
時《とき》をつげる

ちゅうい
○時　×時
「目」ではなく、「日」。気をつけてね。

▼書きじゅん　▼おぼえましょう

1 時　2 時　3 時　4 時　5 時　6 時　7 時　8 時　9 時　10 時

日　ひへん

10かく

▼なぞりましょう

時がたつ
時間わり

教科書下 17ページ

帰

とめる
はらう
はねる

読み方
キ
かえる
かえす

つかい方
帰《き》たくする
家《いえ》へ帰《かえ》る
家《いえ》に帰《かえ》す

組になる字
来る　帰る

▼書きじゅん　▼おぼえましょう

1 帰　2 帰　3 帰　4 帰　5 帰　6 帰　7 帰　8 帰　9 帰　10 帰

巾　はば

10かく

▼なぞりましょう

先に家へ帰す
早く帰る

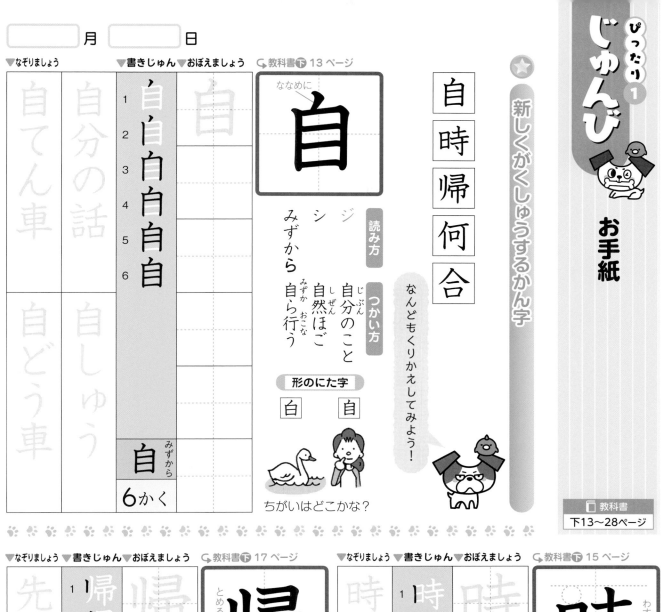

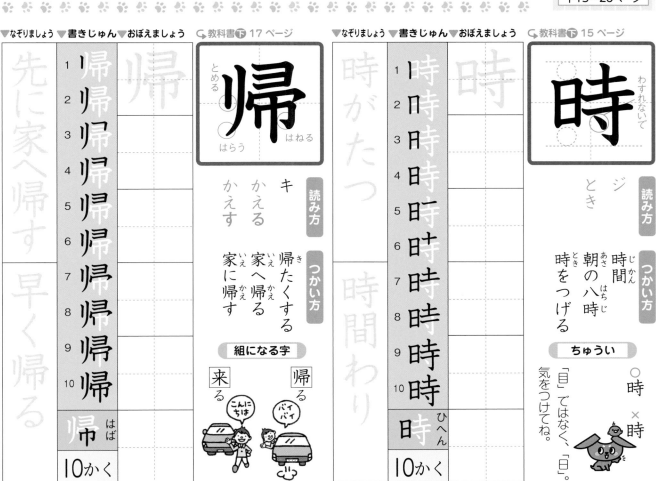

　　月　　日

▼なぞりましょう▼書きじゅん▼おぼえましょう

教科書下 17ページ

何

出す　はねる

読み方

なに
なん
◆カ

つかい方

何《なに》かある
何回《なんかい》も言《い》う
何時《なんじ》ですか

でき方

人がにもつをかつぐ形からできた。

1 2 3 4 5 6 7
何

何《にんべん》

7かく

何か食べる
何もない

▼なぞりましょう▼書きじゅん▼おぼえましょう

教科書下 18ページ

合

つける

読み方

ゴウ・ガッ
カッ
あう
あわす
あわせる

つかい方

会合《かいごう》・合体《がったい》
話《はな》し合《あ》う
話《はなし》を合《あ》わす

でき方

ふたをかぶせて、ぴったりあわせる形からできた。

1 2 3 4 5 6
合

合《くち》

6かく

気が合う
言い合い

★読み方が新しいかん字

かん字	読み方	つかい方	前に出た読み方
間	カン	時間《じかん》をまもる	間《あいだ》・人間《にんげん》
親	シン	親《しん》あいなる人《ひと》	親《した》しむ・親《おや》
友	ユウ	親友《しんゆう》・学友《がくゆう》	友《とも》だち

同じ読み方をするかん字

日・火　子・小

どちらもつかい分けにまよいやすい字ですが、おぼえていきましょう。「夏に火《ひ》やけした」などと書かないように。「日《ひ》やけ」が正しいです。「子《こ》犬」と「小《こ》犬」のくべつも、できるようにしましょう。「子」と「小」のいみを考えてみると分かりやすいですね。

月　　日

ぴったり2 れんしゅう

お手紙

1 かん字を読みましょう。

①（　　）自分の考えを言う。

②（　　）話し合いをする。

③（　　）時をつげるかねの音。

④（　　）家に帰りたい。

⑤（　　）何かのみますか。

⑥（　　）長い時間がすぎた。

⑦（　　）きみは、ぼくの親友だ。

2 □にかん字を書きましょう。

① 家で□《じ》しゅうする。

② □《じ》てん車をこぐ。

③ 知り□《あ》いに会う。

④ けい算が□《あ》う。

⑤ □《とき》がたつのは早い。

⑥ 夜の□《はち》□《じ》になった。

⑦ □《じ》□《かん》がたつ。

⑧ □《かえ》りみち

⑨ □《なに》か食べる。

⑩ あの人は□《しん》□《せつ》だ。

⑪ 妹は□《ゆう》□《じん》が多い。

⑫ □《なに》かかって帰る。

教科書 下13〜28ページ
答え 6ページ

主語《しゅ》と述語《じゅつ》に 気をつけよう

教科書 下29〜30ページ

月　日

新しくがくしゅうするかん字

里 週 番 画 用 角 交 明 星

ていねいに書きましょう！

▼なぞりましょう ▼書きじゅん ▼おぼえましょう 教科書下 30ページ

里

出さない　下を長く

読み方
リ
さと

つかい方
きょう里《り》
里《さと》いも
村里《むらざと》

でき方

田と土を組み合わせた字。「山あいの村。ふるさと。」のいみ。

里

書きじゅん 1〜7　里《さと》　7かく

人里
母の里帰り
里のふうけい
山里の春

▼なぞりましょう ▼書きじゅん ▼おぼえましょう 教科書下 30ページ

週

はねる　ひとふでで 書く

読み方
シュウ

つかい方
今週《こんしゅう》
読書週間《どくしょしゅうかん》
週《しゅう》まつ

ちゅうい
辶(しんにょう)はさいごに、三かくで書こうね。

書きじゅん 1〜11　辶《しんにゅう》 週《しんにょう》　11かく

週のはじめ
先週の天気

▼なぞりましょう ▼書きじゅん ▼おぼえましょう 教科書下 30ページ

番

とめる

読み方
バン

つかい方
そうじ当番《とうばん》
電話番号《でんわばんごう》
テレビ番組《ばんぐみ》

いみ
①じゅんばん 「番ごう」「当番」
②みはる 「交番」「番人」

書きじゅん 1〜12　番《た》　12かく

そうじ当番
町のこう番

月　日

▼なぞりましょう　▼書きじゅん　▼おぼえましょう　教科書(下)30ページ

用

はねる　つき出す

読み方
ヨウ
もちいる

つかい方
用《よう》がある
火《ひ》の用心《ようじん》
道具《どうぐ》を用《もち》いる

ちゅうい
○用　×用
形に気をつけて書こうね。

用 もちいる
5かく

かいとう用紙
用をすます

▼なぞりましょう　▼書きじゅん　▼おぼえましょう　教科書(下)30ページ

画

出さない

読み方
ガ
カク

つかい方
画用紙《がようし》
計画《けいかく》が立《た》つ
字《じ》の画数《かくすう》

ちゅうい
○画　×画
形に気をつけて書こうね。

田 た
8かく

ろく画する
えい画かん

▼なぞりましょう　▼書きじゅん　▼おぼえましょう　教科書(下)30ページ

交

あける　とめる　はらう

読み方
コウ
まじわる
まじえる
まじる・まざる
まぜる
◆かう・かわす

つかい方
交代《こうたい》する
道《みち》が交《まじ》わる
入《い》り交《ま》じる

でき方
人が足をまじわらせた形からできた。

亠 なべぶた けいさんかんむり
6かく

交通じこ
交さ点

▼なぞりましょう　▼書きじゅん　▼おぼえましょう　教科書(下)30ページ

角

はねる　出さない

読み方
カク
かど
つの

つかい方
三角形《さんかくけい》
まがり角《かど》
牛《うし》の角《つの》

でき方
どうぶつの、つのの形からできた。

角 かく つの
7かく

四角い形
角ばった顔

月　　日

▼なぞりましょう ▼書きじゅん ▼おぼえましょう 教科書下 30 ページ

明

小さく　はらう　はねる

読み方
メイ・ミョウ
あかり・あかるい
あかるむ
あからむ
あきらか・あける
あく・あくる
あかす

つかい方
発明《はつめい》する
明《あか》るい光《ひかり》
夜《よ》が明《あ》ける

はんたいの字

明るい　暗《くら》い
（三年生でならうよ。）

書きじゅん：1〜8

日 へん《ひへん》

8かく

明るいへや
空が明らむ

星

つき出す　長く

読み方
セイ
ほし
◆ショウ

つかい方
火星《かせい》と水星《すいせい》
ながれ星《ぼし》
星空《ほしぞら》を見《み》る

でき方

きらめくほしと、草の芽の形からできた。

書きじゅん：1〜9

日《ひ》

9かく

きらめく星
黒星がつく

読み方が新しいかん字

かん字	読み方	つかい方	前に出た読み方
何	なん	何人《なんにん》・何《なん》べん	何《なに》
今	コン	今週《こんしゅう》のよてい	今《いま》
当	トウ	当番《とうばん》になる	当《あ》てる
紙	シ	画用紙《がようし》を切《き》る	手紙《てがみ》
通	ツウ	右《みぎ》がわ通行《つうこう》	通《とお》る
風	かざ	風車《かざぐるま》が回《まわ》る	風《かぜ》

「風」は、西風《にしかぜ》・むかい風《かぜ》など「かぜ」と読むばあいと、風《かざ》むき・風《かざ》しもなど「かざ」と読むばあいがあり、読み方がかわります。ちゅういしておぼえましょう。

□月 □日

ぴったり2 れんしゅう

主語《しゅ》と述語《じゅつ》に気をつけよう

教科書 下29～30ページ
答え 7ページ

1 かん字を読みましょう。

① 何回（　）も言う。
② 里山（　）にあきがおとずれた。
③ 今週（　）は天気がよい。
④ 交番（　）でみちをたずねる。
⑤ 画用紙（　）に絵をかく。
⑥ 丸や 四角（　）をかく。
⑦ 交通（　）あんぜんをねがう。

2 □にかん字を書きましょう。

① □《あか》るい光が見える。
② 南の空の□《ほし》がかがやく。
③ そうじ□□《とうばん》になる。
④ □《かざ》むきがかわる。
⑤ □□《つうわ》がとぎれる。
⑥ □□《こんげつ》のしごと。
⑦ □《さと》いもをほる。
⑧ 空が□《あか》るい。
⑨ □《かざ》かみに立つ。
⑩ むねに□《ばん》ごうをつける。
⑪ □《なん》とかかたづける。
⑫ □《よう》じで出かける。

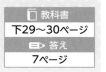

月　　日

ぴったり1 じゅんび

かん字の読み方

教科書 下31〜33ページ

新しくがくしゅうするかん字

東　京　古　寺　西　止

道　野　原　台　船　米

やってみよう！

教科書下 32ページ

東（つき出す・はらう・とめる）

読み方：トウ　ひがし

つかい方：関東地方《かんとうちほう》　東《ひがし》の空《そら》　東《ひがし》むきの家

はんたいの字：東 ⇔ 西《にし》

書きじゅん：1〜8

木《き》　8かく

なぞりましょう：東京へ行く　かん東の天気　東京えき　東ほくちほう

教科書下 32ページ

京（長く・はらう・とめる・はねる）

読み方：キョウ　◆ケイ

つかい方：東京《とうきょう》　京都《きょうと》　上京《じょうきょう》する

でき方：おかの上にたてものがある形から、くにの中しんをあらわした。

書きじゅん：1〜8

亠 なべぶた（けいさんかんむり）　8かく

なぞりましょう：東京にすむ　京人ぎょう

教科書下 32ページ

古（長く）

読み方：コ　ふるい　ふるす

つかい方：古代《こだい》の人《ひと》　古新聞《ふるしんぶん》　つかい古《ふる》し

はんたいの字：古い ⇔ 新しい

書きじゅん：1〜5

口《くち》　5かく

なぞりましょう：古い家　き古したふく

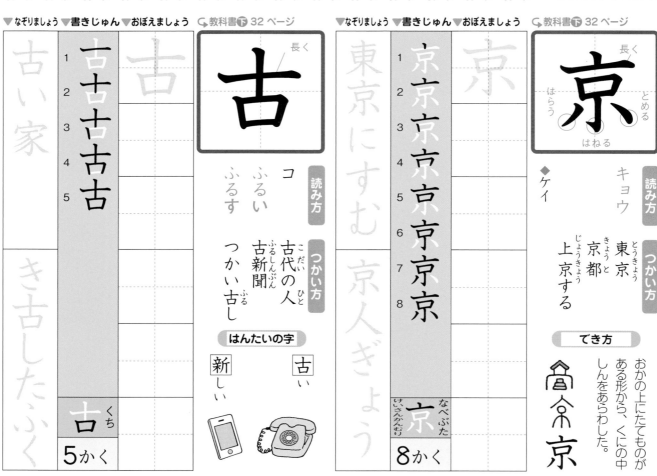

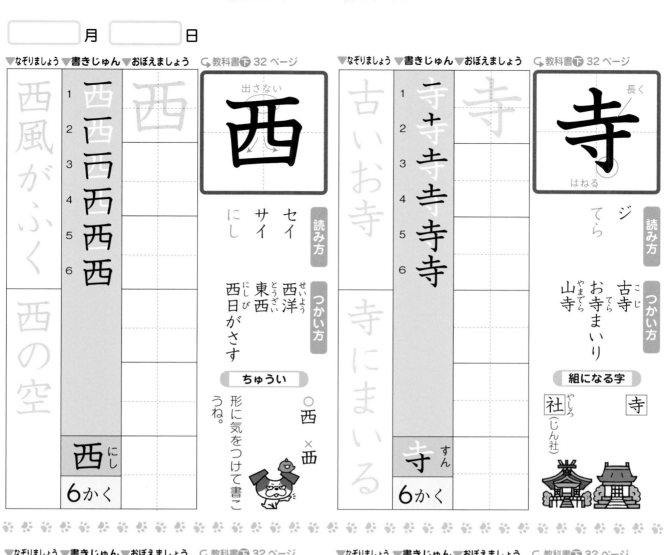

月　日

なぞりましょう　書きじゅん　おぼえましょう　教科書下 32ページ

西

西風がふく
西の空

書きじゅん 1 2 3 4 5 6
西《にし》
6かく

出さない

読み方
セイ
サイ
にし

つかい方
西洋《せいよう》
東西《とうざい》
西日《にしび》がさす

ちゅうい
○西　×西
形に気をつけて書こうね。

なぞりましょう　書きじゅん　おぼえましょう　教科書下 32ページ

寺

古いお寺
寺にまいる

書きじゅん 1 2 3 4 5 6
寺《すん》
6かく

長く
はねる

読み方
ジ
てら

つかい方
古寺《こじ》
お寺《てら》まいり
山寺《やまでら》

組になる字
寺
社《やしろ》（じん社）

なぞりましょう　書きじゅん　おぼえましょう　教科書下 32ページ

道

道をあるく
さか道

書きじゅん 1 2 3 4 5 6 7 8 9 10 11 12
辶《しんにょう》《しんにゅう》
12かく

長めに
ひとふででで書く

読み方
ドウ
みち
◆トウ

つかい方
水道《すいどう》の水《みず》
道《みち》にまよう
近道《ちかみち》する

い　み
道や通の辶（しんにょう）は、「歩《ある》くこと」、「行くこと」をあらわすんだね。

なぞりましょう　書きじゅん　おぼえましょう　教科書下 32ページ

止

行き止まり
車を止める

書きじゅん 1 2 3 4
止《とめる》
4かく

長く
みじかく

読み方
シ
とまる
とめる

つかい方
中止《ちゅうし》になる
立《た》ち止《ど》まる
かゆみ止《ど》め

はんたいの字
止まる
動《うご》く
（三年生でならうよ。）

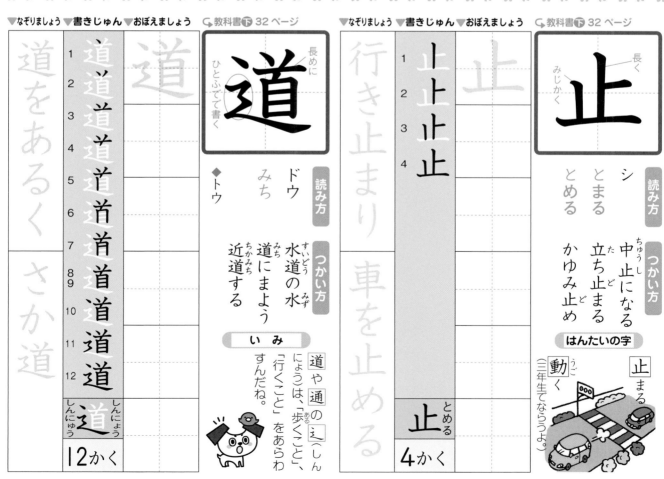

月　　日

▼なぞりましょう ▼書きじゅん ▼おぼえましょう　教科書下 32 ページ

原

原っぱ
広い野原

書きじゅん 1〜10

原《がんだれ》

10かく

はらう　とめる　はねる

読み方
ゲン
はら

つかい方
広《ひろ》い草原《そうげん》
草原《くさはら》の中《なか》
原《はら》っぱ

いみ
①もと
「原し人」
「原いん」
②のはら
「草原」
「原っぱ」

▼なぞりましょう ▼書きじゅん ▼おぼえましょう　教科書下 32 ページ

野

野山を行く
野の花

書きじゅん 1〜11

野《さとへん》

11かく

わすれないで　はねる

読み方
ヤ
の

つかい方
野《や》きゅう
野原《のはら》を行《い》く
野《の》ばら

いみのにた字
野　野原・あれ野
原　原っぱ・草原

▼なぞりましょう ▼書きじゅん ▼おぼえましょう　教科書下 33 ページ

船

船にのる
わたし船

書きじゅん 1〜11

舟《ふねへん》

11かく

あける　はらう　はねる

読み方
セン
ふね
ふな

つかい方
赤《あか》い風船《ふうせん》
船《ふね》の汽《き》てき
船《ふな》のり

ちゅうい
船《ふね》が出《で》る→船出《ふなで》
船《ふね》のたび→船《ふな》たび
読み方に気をつけて。

▼なぞりましょう ▼書きじゅん ▼おぼえましょう　教科書下 32 ページ

台

げきの台本
ふみ台

書きじゅん 1〜5

台《くち》

5かく

とめる

読み方
ダイ
タイ

つかい方
台《だい》の上《うえ》
土台《どだい》
ぶ台《たい》に立《た》つ

ちゅうい
「台風」を、「だいふう」と読まないように気をつけましょう。「たいふう」が正しい読みです。

月　　日

▼なぞりましょう ▼書きじゅん ▼おぼえましょう

教科書下 33ページ

米

つけない
つける

読み方
ベイ
マイ
こめ

つかい方
米国《べいこく》
新米《しんまい》をたく
米《こめ》をとぐ

でき方
いねのほに、こめがみのった形からできた。

書きじゅん 1 2 3 4 5 6

米《こめ》

6かく

米をとぐ

米つぶ

同じ読み方をするかん字

新　親

どちらも「しん」と読みますが、「新」は新しいといういみで「新年」などとつかい、「親」は親しいといういみで「親友」などとつかいます。

どちらのかん字も、「しい」というおくりがなをつけて、「新しい」「親しい」と書くので、読みまちがえないようにしましょう。

読み方が新しいかん字

かん字	読み方	つかい方	前に出た読み方
魚	ギョ	金魚《きんぎょ》をかう	魚《さかな》
空	あく	空《あ》きばこ	空《そら》・空《から》っぽ
夜	よ	夜《よ》もふける	夜《よる》
明	あける	夜《よ》が明《あ》ける	明《あか》るい 明《あか》るむ
山	サン	下山《げざん》する	山《やま》

「明」のおくりがなは、「明るい」、「明ける」です。「明かるい」と書かないようにちゅういしましょう。

ぴったり1 じゅんび

秋がいっぱい そうだんにのってください

教科書 下34〜40ページ

新しくがくしゅうするかん字

秋 作 理

秋

教科書下34ページ

秋（とめる・はらう）

読み方：シュウ／あき

つかい方：秋分《しゅうぶん》の日《ひ》　秋《あき》まつり　秋風《あきかぜ》がふく

ちゅうい：○秋　×秋　形に気をつけて書こうね。

書きじゅん：1〜9　秋（のぎへん）　9かく

なぞりましょう：春と秋　秋晴れ　秋のもみじ　秋の夕ぐれ

月　日

作

教科書下39ページ

作（みじかく・とめる）

読み方：サク　サ／つくる

つかい方：作文《さくぶん》を書《か》く　動作《どうさ》　歌《うた》を作《つく》る

でき方：人が木に切れ目を入れて、ものをつくるようすをあらわす字。

書きじゅん：1〜7　作（にんべん）　7かく

なぞりましょう：米作り　作り上げる

理

教科書下38ページ

理（長く）

読み方：リ

つかい方：理由《りゆう》を言《い》う　りょう理《り》　理科《りか》

いみ：
①ものごとのどうり　「理由」「理科」
②ととのえる　「りょう理」「しゅう理」

書きじゅん：1〜11　理（たまへん・おうへん）　11かく

なぞりましょう：理かいする　しゅう理

ぴったり2 れんしゅう

かん字の読み方
秋がいっぱい
そうだんにのってください

教科書 下31〜40ページ
答え 7ページ

□月 □日

1 かん字を読みましょう。

① 東京（　　）へむかう。

② 古（　　）い町をあるく。

③ お寺（　　）をたずねる。

④ 西日（　　）がさしこむ。

⑤ 電車が止（　　）まる。

⑥ さか道（　　）をのぼる。

⑦ 野山（　　）を行く。

2 □にかん字を書きましょう。

① □《はら》っぱであそぶ。

② ふみ□《だい》にのる。

③ □《ふね》にのる。

④ おいしいお□《こめ》。

⑤ □《きん》□《ぎょ》が入った水そう。

⑥ □《あ》いたせきにすわる。

⑦ □《よ》がふける。

⑧ 年が□《あ》ける。

⑨ 気をつけて□《げ》□《ざん》する。

⑩ □《あき》まつりの日。

⑪ お話を□《つく》る。

⑫ りょう□《り》を食べる。

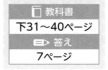

ぴったり2 れんしゅう

かん字の読み方
秋がいっぱい
そうだんにのってください

教科書 上31～40ページ
答え 7ページ

月　日

1 かん字を読みましょう。

① 東（　）ほく地《ち》方に行く。

② 京（　）のみやこ。

③ 古本（　）を買う。

④ お寺（　）まいりに行く。

⑤ 西（　）の方こうにすすむ。

⑥ 金魚（　）をかう。

⑦ 空（　）きばこをあつめる。

2 □にかん字を書きましょう。

① □《よ》□《ぞら》を見上げる。

② □《あ》け方に目がさめる。

③ ふじ□《さん》にのぼる。

④ しんごうで車が□《と》まる。

⑤ □《みち》がせまい。

⑥ パンを□《つく》る。

⑦ 広い□《の》□《はら》をあるく。

⑧ □《だい》□《ほん》を読む。

⑨ □《ふね》でたびをする。

⑩ お□《こめ》をとぐ。

⑪ みのりの□《あき》になる。

⑫ □《り》ゆうを言う。

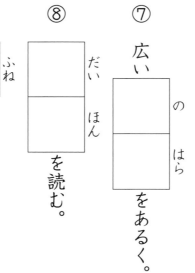

ぴったり1 じゅんび

紙コップ花火の作り方
おもちゃの作り方をせつめいしよう
にたいみのことば、
はんたいのいみのことば

教科書 下41～53ページ

新しくがくしゅうするかん字

少
谷
細

なんどもくりかえしてみましょう！

少

▼なぞりましょう ▼書きじゅん ▼おぼえましょう 教科書下43・53ページ

少（はねる）

読み方
ショウ
すこし
すくない

つかい方
少年少女《しょうねんしょうじょ》
少《すこ》しだけ
数《かず》が少《すく》ない

いみのにた字
少ない
小さい

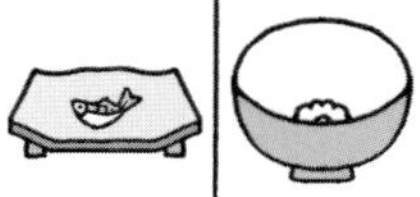

書きじゅん：1〜4
小《しょう》
4かく

なぞりましょう：少しのお金　少し大きい　少ない米　雨が少ない

細

▼なぞりましょう ▼書きじゅん ▼おぼえましょう 教科書下44ページ

細（とめる）

読み方
サイ
ほそい
ほそる
こまか
こまかい

つかい方
竹細工《たけざいく》
細《ほそ》い糸《いと》
細《こま》かい雨《あめ》

はんたいの字
細い
太い

書きじゅん：1〜11
糸《いとへん》
11かく

なぞりましょう：細くのびる　細いえだ

谷

▼なぞりましょう ▼書きじゅん ▼おぼえましょう 教科書下44ページ

谷（あける・つける）

読み方
たに
◆コク

つかい方
谷川《たにがわ》の水《みず》
ふかい谷《たに》
谷間《たにま》

組になる字
山
谷

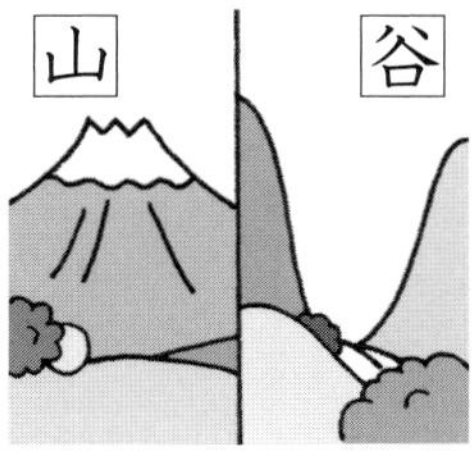

書きじゅん：1〜7
谷《たに》
7かく

なぞりましょう：谷川の水　谷風がふく

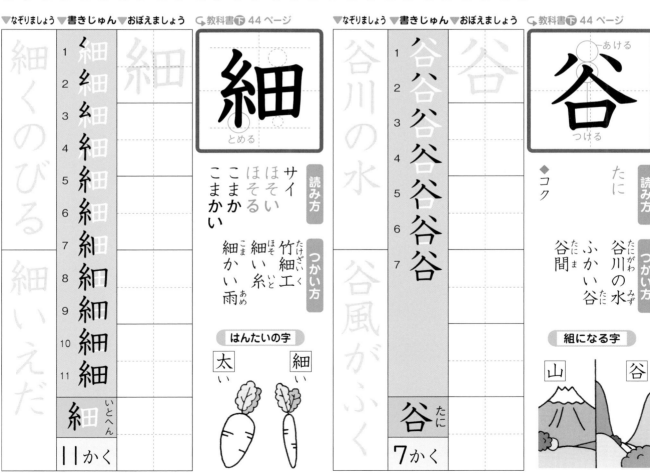

月　　日

読み方が新しいかん字

かん字	読み方	つかい方	前に出た読み方
形	ケイ	四《し》角《かく》形《けい》におる	形《かたち》
内	うち	内《うち》がわを見《み》る	町内《ちょうない》
黒	コク	黒《こく》ばんに書《か》く	黒《くろ》
新	シン	新《しん》にゅう生《せい》	新《あたら》しい
聞	ブン	新《しん》聞《ぶん》を読《よ》む	聞《き》く

はんたいのいみのことば

少　小

「少ない」「小さい」のはんたいのいみのことばはそれぞれ何か、分かりますか。

「少ない」のはんたいは「多い」です。また、「小さい」のはんたいは「大きい」です。

「多い」、「少ない」はもののりょうにたいしてつかいます。「大きい」、「小さい」はものの大きさにたいしてつかいます。

・「人数が多い。」―「人数が少ない。」

・「かばんが大きい。」―「かばんが小さい。」

つかい分けられるようにしておきましょう。

細

「細い」のはんたいのいみのことばは「太い」です。おぼえておきましょう。

ぴったり2 れんしゅう

紙コップ花火の作り方
おもちゃの作り方をせつめいしよう
にたいみのことば、はんたいのいみのことば

教科書 下41～53ページ
答え 7ページ

月　日

1 かん字を読みましょう。

① あと少（　）しで家につく。
② 谷川（　）の水をくむ。
③ 細（　）い糸でぬう。
④ 長方形（　）をかく。
⑤ 内（　）ポケットに入れる。
⑥ 黒（　）ばんに字を書く。
⑦ 新聞（　）を読む。

2 □にかん字を書きましょう。

① □《すこ》し休む。
② ふかい□《たに》にさく花。
③ □《たに》□《がわ》にそって行く。
④ □《ほそ》いえだをひろう。
⑤ か□《ぼそ》い声で話す。
⑥ □《さん》□《かく》□《けい》におる。

⑦ かばんの□《うち》がわ。
⑧ □《こく》ばんをけす。
⑨ 学きゅう□《しん》□《ぶん》を作る。
⑩ まんがの□《しん》かんが出る。
⑪ バスの数が□《すく》ない。
⑫ □《すこ》し食べる。

ぴったり2 れんしゅう

かん字のひろば④ 1年生でならったかん字

教科書 下56ページ
答え 8ページ

月　日

1 かん字を読みましょう。

① 五（　）ひきの子ねこ。
② 花を 四本（　） おくろう。
③ 犬（　）とさんぽする。
④ 九（　）かいだてのビル。
⑤ パラソルが 一本（　）。
⑥ 二（　）ひきのねこ。
⑦ ここに 百円玉（　）がある。

2 □にかん字を書きましょう。

① おべんとうは □□□《ろっぴゃくえん》。
② □□《せんえん》さつを出す。
③ □《いぬ》とあるく。
④ 子ぶたを □《さん》びきつれている。
⑤ □□《はちにん》の子どもがいる。
⑥ 一つ □□□《ななじゅうえん》だ。

⑦ おにぎりが □《よっ》つある。
⑧ えんぴつを □□《にほん》買う。
⑨ □□《ごたま》の毛糸であむ。
⑩ □《きゅう》回くりかえす。
⑪ □□《ひゃくにん》の人がまっている。
⑫ □《いっ》ぴきの黒ねこ。

月　日

ぴったり1 じゅんび

みきのたからもの
冬がいっぱい

教科書 下57〜81ページ

新しくがくしゅうするかん字

首　鳴　心　冬

なんどもくりかえしてみましょう！

教科書下62ページ

首

長く　ななめに

読み方　シュ　くび

つかい方　日本《にっぽん》の首都《しゅと》　きりんの首《くび》　首《くび》をふる

でき方　かみの毛がはえた人の、くびから上の形からできた。

書きじゅん　1〜9　首《くび》　9かく

なぞりましょう　首をひねる　びんの首　太い首　首にまく

教科書下68ページ

鳴

小さく　むきにちゅうい

読み方　メイ　なく　なる　ならす

つかい方　悲鳴《ひめい》　鳥《とり》の鳴《な》き声《ごえ》　ふえが鳴《な》る

でき方　鳥と口を合わせて、なくことをあらわした字。

書きじゅん　1〜14　鳴《とり》　14かく

なぞりましょう　鳥が鳴く　高い鳴き声

教科書下69ページ

心

とめる　はねる

読み方　シン　こころ

つかい方　町《まち》の中心《ちゅうしん》　やさしい心《こころ》　心《こころ》がけ

でき方　しんぞうの形からできた。

書きじゅん　1〜4　心《こころ》　4かく

なぞりましょう　心細い　心をこめる

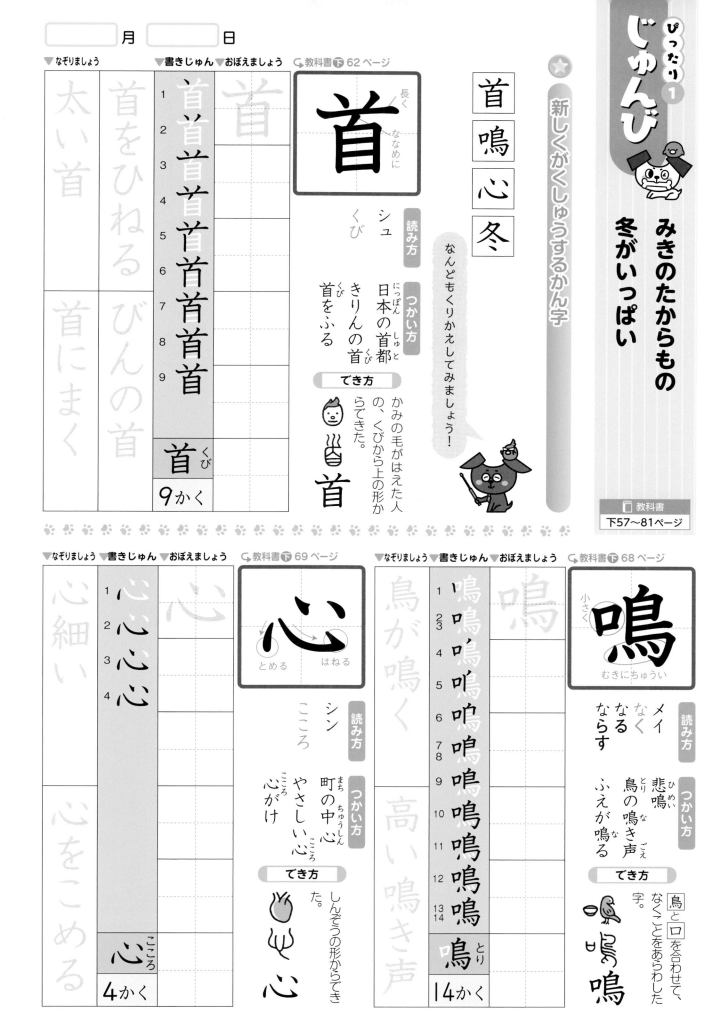

月　　日

読み方が新しいかん字

かん字	読み方	つかい方	前に出た読み方
作	サク	図画工作《ずがこうさく》	作《つく》る
遠	とおい	遠《とお》いところ	遠足《えんそく》
生	ショウ	一生《いっしょう》けんめい	生活《せいかつ》・生《い》きる・生《う》まれる・生《は》える

▼なぞりましょう ▼書きじゅん ▼おぼえましょう 教科書下 80 ページ

冬

はらう　はらう

読み方 トウ　ふゆ

つかい方 冬《とう》みん　冬休《ふゆやす》み　冬山《ふゆやま》

書きじゅん：1 ノ　2 ク　3 夂　4 冬　5 冬

にすい　5かく

さむい冬

冬じたく

はんたいの字

「冬」と「夏」ははんたいなのに、どちらも 夂 があるんだね。

同じ読み方をするかん字

合う　会う

どちらも「あう」と読み、つかい分けにちゅういがひつようなかん字です。

「合う」は「話し合う」、「ぴったり合う」などとつかい、「会う」は「友だちと会う」、「先生と会う」などとつかいます。

つかい方をおぼえておきましょう。

「首」は体をあらわすかん字です。「頭」や「顔」、「目」や「手」など、なかまになるかん字をあつめてみましょう。たくさんありますよ。

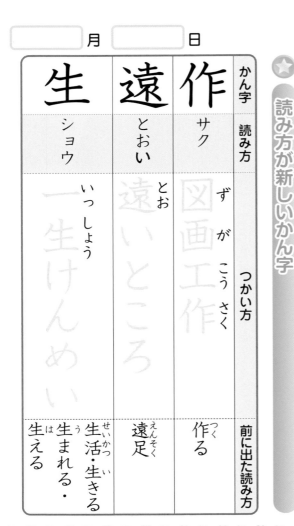

月　　日

ぴったり2 れんしゅう

みきのたからもの
冬がいっぱい

1 かん字を読みましょう。

①（　　）作文を書く。

②（　　）遠いところから来る。

③（　　）一生けんめいはしる。

④（　　）首をかしげる。

⑤（　　）ねこの鳴き声がする。

⑥（　　）心の中で思ったこと。

⑦（　　）冬休みが近い。

2 □にかん字を書きましょう。

① 絵本の□《さく》しゃの話を聞く。

② □《とお》い町にひっこす。

③ □《いっ》□《しょう》に一どのできごと。

④ きりんの長い□《くび》。

⑤ □《くび》にマフラーをまく。

⑥ にわで鳥が□《な》く。

⑦ やさしい□《こころ》のもちぬし。

⑧ 日ごろから□《こころ》がける。

⑨ ま□《ふゆ》のさむさになる。

⑩ □《ふゆ》げしき

⑪ ピアノで□《さっ》きょくする。

⑫ □《さく》ひんてんに出かける。

教科書 下57～81ページ
答え 8ページ

冬のチャレンジテスト

時間 30分
／100
ごうかく 80点

教科書 上116〜下81ページ
答え 8ページ

1 ——線のかん字の読みがなを書きましょう。 一つ2点（22点）

① 画用紙（　　）に絵をかいた。

② 広い野原（　　）（　　）を行く。

③ お昼（　　）には帰（　　）りなさい。

④ 秋（　　）がすぎたら冬休（　　）（　　）み。

⑤ 古（　　）い小さなお寺（　　）をたずねた。

⑥ 家の人は、父（　　）と母（　　）と兄（　　）とわたし。

2 つぎのかん字の正しい書きじゅんのほうに、○をつけましょう。 一つ3点（18点）

① 母　あ（　）　い（　）

② 午　あ（　）　い（　）

③ 止　あ（　）　い（　）

④ 米　あ（　）　い（　）

⑤ 半　あ（　）　い（　）

⑥ 電　あ（　）　い（　）

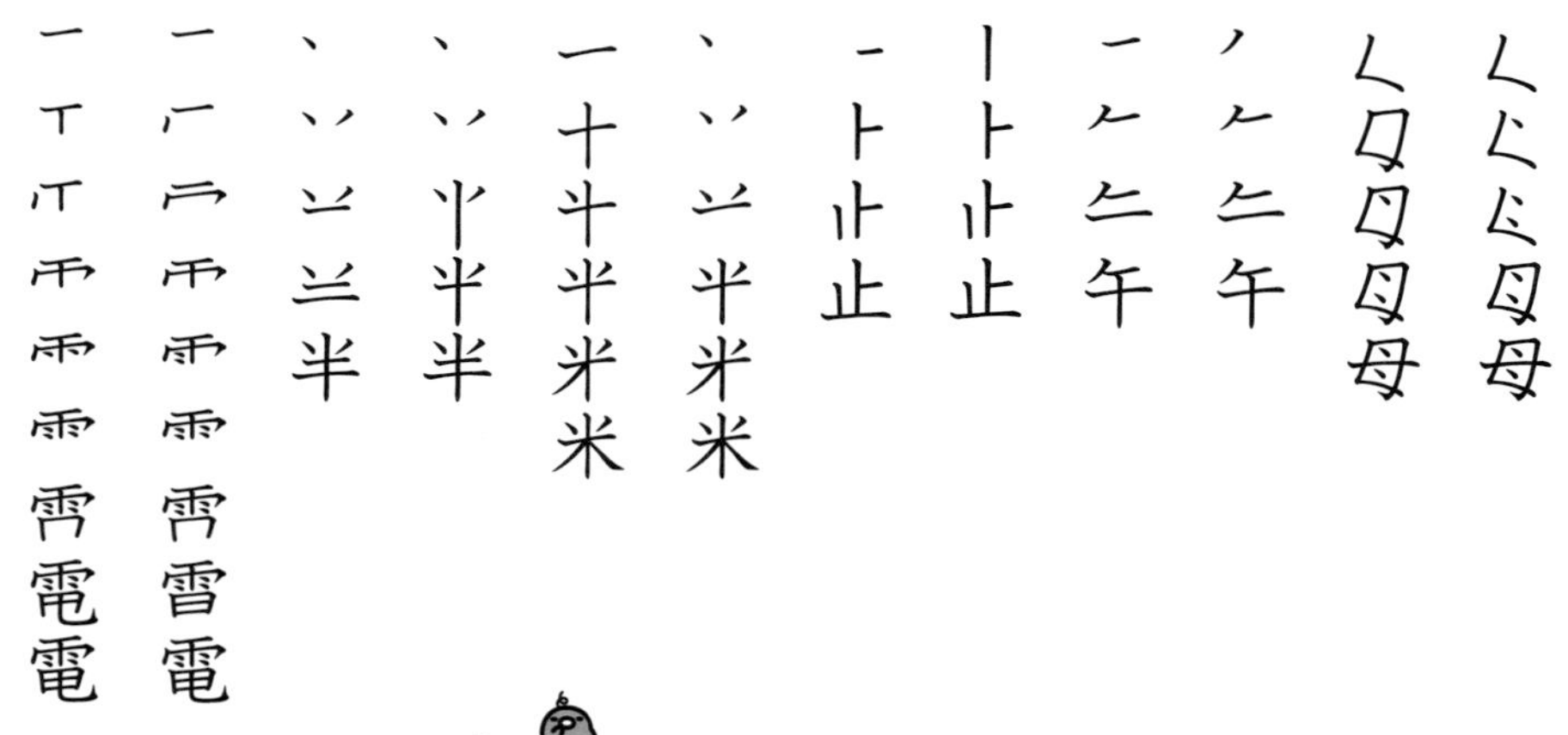

3 つぎのかん字の、二通りまたは三通りの読み方を書きましょう。　一つ2点(30点)

① 魚
- あ 魚やさん　（　　）
- い 金魚をかう。　（　　）

② 親
- あ 親友に会う。　（　　）
- い 親と子。　（　　）

③ 明
- あ 明るい人。　（　　）
- い 夜が明ける。　（　　）

④ 友
- あ 友だちと話す。　（　　）
- い 友じょうをちかう。　（　　）

⑤ 作
- あ 作文を書く。　（　　）
- い ケーキを作る。　（　　）

⑥ 後
- あ 後につづく人。　（　　）
- い 後ろの人。　（　　）

⑦ 大
- あ 車が大きい。　（　　）
- い 大じな友。　（　　）
- う 大切にする。　（　　）

4 つぎの□に、かん字を書きましょう。　一つ3点(30点)

① □□《こんしゅう》のよてい。

② □《ほし》が光る。

③ □《みち》にまよう。

④ みなとの□《ふね》。

⑤ 南の□□《ほうがく》。

⑥ □《くび》をかしげた。

⑦ □□《まいにち》どうぶつのようすを見る。

⑧ □□《とうきょう》から来た人。

⑨ □□□《せいかつか》で花のかんさつをする。

⑩ □《ず》をかいてせつめいする。

ぴったり1 じゅんび

かたかなで書くことば
ロボット

教科書 下84～97ページ

新しくがくしゅうするかん字

戸 麦 茶 地 市 場 答 歩

声に出して読んでみましょう！

月　日

▼なぞりましょう ▼書きじゅん ▼おぼえましょう 教科書下84ページ

戸

はらう

読み方
コ
と（ど）

つかい方
戸外《こがい》へ出《で》る
雨戸《あまど》
戸《と》じまり

でき方
門《もん》の左のとびらの形からできた。

書きじゅん
戸 と
4かく

なぞりましょう
戸をあける
戸をしめる
ガラス戸
うら口の戸

▼なぞりましょう ▼書きじゅん ▼おぼえましょう 教科書下84ページ

麦

長く
はらう

読み方
むぎ
◆バク

つかい方
麦《むぎ》わら
麦《むぎ》ばたけ
麦茶《むぎちゃ》をのむ

なかまの字
☆こくもつのかん字
麦
米

書きじゅん
麦 むぎ
7かく

なぞりましょう
小麦色
麦がそだつ

▼なぞりましょう ▼書きじゅん ▼おぼえましょう 教科書下84ページ

茶

あける

読み方
チャ
◆サ

つかい方
お茶《ちゃ》をのむ
茶《ちゃ》わん
茶《ちゃ》の間《ま》

いみ
お茶の木はしょくぶつだから、艹（くさかんむり）があるよ。

書きじゅん
茶 くさかんむり
9かく

なぞりましょう
茶色のふく
お茶づけ

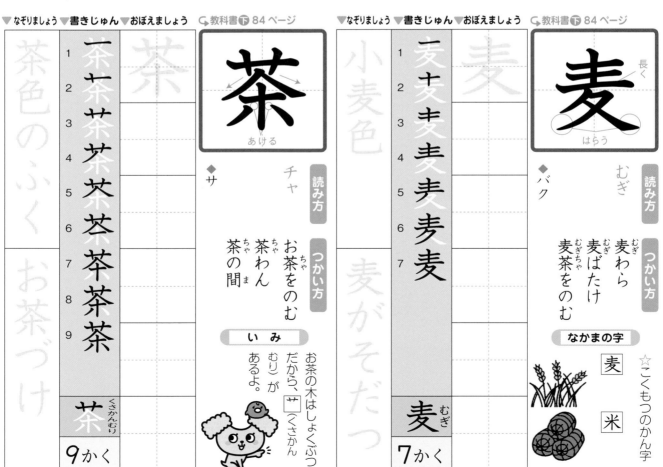

月　日

▼なぞりましょう ▼書きじゅん ▼おぼえましょう　教科書(下)84ページ

市

とめる　はねる

読み方：シ　いち

つかい方：市役所《しやくしょ》　市長《しちょう》　市場《いちば》で買《か》う

なかまの字：☆まちやむらのかん字　市　町　村

書きじゅん：1 2 3 4 5　市（はば）　5かく

町の市場

朝市が立つ

▼なぞりましょう ▼書きじゅん ▼おぼえましょう　教科書(下)84ページ

地

長めに　はねる

読み方：チ　ジ

つかい方：地図《ちず》を見《み》る　地《ち》きゅう　地面《じめん》をほる

組になる字：天　地

書きじゅん：1 2 3 4 5 6　地（つちへん）　6かく

土地の名前

地きゅう

▼なぞりましょう ▼書きじゅん ▼おぼえましょう　教科書(下)90ページ

答

はらう　はらう

読み方：トウ　こたえる　こたえ

つかい方：返答《へんとう》する　答《こた》える声《こえ》　答《こた》えを出《だ》す

組になる字：答える　問《と》う（三年生でならうよ。）

書きじゅん：1 2 3 4 5 6 7 8 9 10 11 12　答（たけかんむり）　12かく

正しい答え

答えなさい

▼なぞりましょう ▼書きじゅん ▼おぼえましょう　教科書(下)84・97ページ

場

はねる　はらう

読み方：ジョウ　ば

つかい方：入場行進《にゅうじょうこうしん》　子《こ》ども広場《ひろば》　あそび場所《ばしょ》

いみ：①ばしょ「広場」「市場」「会場」　②とき「場合《あい》」

書きじゅん：1 2 3 4 5 6 7 8 9 10 11 12　場（つちへん）　12かく

広場

車の工場

月　　日

▼なぞりましょう ▼書きじゅん ▼おぼえましょう　教科書下 92 ページ

歩

はねる

読み方

ホ
あるく
あゆむ
◆ブ・フ

つかい方

歩道《ほどう》
にわを歩《ある》く
人《ひと》の歩《あゆ》み

組になる字

走《はし》る　歩《ある》く

書きじゅん：1〜8
とめる
8かく

道を歩く
歩きまわる

「雨」には、雨《あめ》ふり・雨風《あめかぜ》など「あめ」と読む場合と、雨《あま》がさ・雨《あま》やどりなど「あま」と読む場合があります。まちがえないようにちゅういしましょう。

読み方が新しいかん字

かん字	読み方	つかい方	前に出た読み方
雨	あま	雨戸《あまど》をしめる	雨《あめ》
鳴	なる	かねが鳴《な》る	鳴《な》く
外	ガイ	外国《がいこく》に行《い》く	外《そと》
行	コウ	通行《つうこう》止《ど》め	行《い》く・行《ぎょう》
国	くに	国《くに》の名前《なまえ》	国語《こくご》
土	ト	土地《とち》を買《か》う	土《つち》 土曜日《どようび》
家	カ	画家《がか》になる	家《いえ》

月　日

ぴったり2 れんしゅう

かたかなで書くことば
ロボット

教科書 下84〜97ページ
答え 9ページ

1 かん字を読みましょう。

① 戸じまりをする。（　）
② 雨戸をしずかにしめる。（　）
③ 教会のかねが鳴る。（　）
④ つめたい麦茶をのむ。（　）
⑤ 外国へ行く。（　）
⑥ おとぎの国。（　）
⑦ 広い土地にすむ。（　）

2 □にかん字を書きましょう。

① □《むぎ》わらぼうしをかぶる。
② □《あさ》□《いち》へ行く。
③ あそび□《ば》を見つける。
④ 正しい□《こた》えを出す。
⑤ といに□《こた》える。
⑥ ろうかを□《ある》く。

⑦ □《つう》□《こう》止めの道。
⑧ はつめい□《か》になる。
⑨ お□《ちゃ》を入れる。
⑩ □《ち》きゅうぎを買う。
⑪ □《こう》□《じょう》ではたらく。
⑫ ふえが□《な》りひびく。

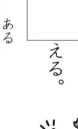

月　日

ぴったり1 じゅんび

カンジーはかせの大はつめい すてきなところをつたえよう

教科書 下104～110ページ

新しくがくしゅうするかん字

才 門 弓 矢 計 室

ちょうせんしよう！

▼なぞりましょう ▼書きじゅん ▼おぼえましょう 教科書下 104 ページ

才（少し出す・はねる）

読み方：サイ

つかい方：天才《てんさい》　才《さい》のう　文才《ぶんさい》がある

ちゅうい：かたかなの「オ」じゃないんだよ。

書きじゅん：1 一　2 十　3 才

才《て》　3かく

数学の天才　絵の才のう

八才になる　文才がある

▼なぞりましょう ▼書きじゅん ▼おぼえましょう 教科書下 104 ページ

門（とめる・はねる）

読み方：モン　◆かど

つかい方：家《いえ》の門《もん》　校門《こうもん》を出《で》る　門番《もんばん》がいる

でき方：もんのとびらをとじた形からできた。

書きじゅん：1〜8

門《もん》　8かく

せい門　門をあける

▼なぞりましょう ▼書きじゅん ▼おぼえましょう 教科書下 105 ページ

弓（はねる）

読み方：ゆみ　◆キュウ

つかい方：弓《ゆみ》を引《ひ》く　弓《ゆみ》のけいこ　弓《ゆみ》なり

でき方：ゆみの形からできた。

書きじゅん：1〜3

弓《ゆみ》　3かく

弓を引く　弓なりの月

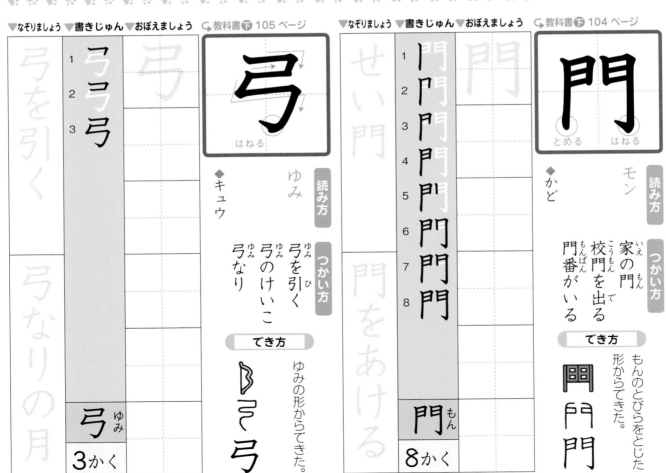

月　　日

▼なぞりましょう ▼書きじゅん ▼おぼえましょう

教科書下 105 ページ

矢

出さない　下を長く

読み方
や
◆シ

つかい方
弓矢《ゆみや》でいる
矢《や》じるし
矢車草《やぐるまそう》

でき方
やの形からできた。

書きじゅん 1 2 3 4 5

矢《や》

5かく

弓矢のまと
ながれ矢

▼なぞりましょう ▼書きじゅん ▼おぼえましょう

教科書下 107 ページ

計

たてに長く

読み方
ケイ
はかる
はからう

つかい方
数《かず》の合計《ごうけい》
時間《じかん》を計《はか》る
とり計《はか》らう

なかまの字
☆言があるかん字
語　記　計
話
読

書きじゅん 1 2 3 4 5 6 7 8 9

計《ごんべん》

9かく

計かくする
会計がかり

▼なぞりましょう ▼書きじゅん ▼おぼえましょう

教科書下 107 ページ

室

とめる　下を長く

読み方
シツ
◆むろ

つかい方
教室《きょうしつ》に入《はい》る
図書室《としょしつ》の本《ほん》
室内《しつない》の空気《くうき》

いみ
室や家の宀（うかんむり）は、「いえ」をあらわします。

書きじゅん 1 2 3 4 5 6 7 8 9

室《うかんむり》

9かく

室内に入る
じっけん室
おん室の花
ほけん室

読み方が新しいかん字

かん字	合
読み方	ガッ
つかい方	合体《がったい》する
前に出た読み方	出《だ》し合《あ》う

月　日

ぴったり2 れんしゅう

カンジーはかせの大はつめい すてきなところをつたえよう

教科書 下104～110ページ
答え 9ページ

1 かん字を読みましょう。

① かん字の天才。（　）
② かん字を合体させる。（　）
③ 門をあける。（　）
④ 弓のけいこをする。（　）
⑤ 矢じるしをつける。（　）
⑥ 姉は計算がとくいだ。（　）
⑦ 休みの計かくを立てる。（　）

2 □にかん字を書きましょう。

① □《きょう》□《しつ》がさわがしい。
② おん□《しつ》でそだてた花。
③ 兄は絵の□《さい》のうがある。
④ りっぱな□《もん》がまえの家。
⑤ □《ゆみ》なりの月が出ている。
⑥ □《がっ》しょう大会に出る。
⑦ □《しつ》□《ない》のくう気。
⑧ 音楽□《しつ》に行く。
⑨ □《しつ》おんが高い。
⑩ 体おん□《けい》を買う。
⑪ □《こう》□《もん》を出て帰る。
⑫ あの人は□《ぶん》□《さい》がある。

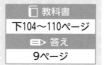

月　日

ぴったり1 じゅんび

スーホの白い馬
楽しかったよ、二年生

教科書 下111〜135ページ

☆新しくがくしゅうするかん字

馬　北　牛　走　売　弱　強

▼なぞりましょう ▼書きじゅん ▼おぼえましょう　教科書下 111・118 ページ

馬

はねる　むきにちゅうい

読み方　バ　うま　ま

つかい方
馬車《ばしゃ》が走《はし》る
馬《うま》にのる
群馬県《ぐんまけん》

でき方

たてがみのある、うまの形からできた。

書きじゅん：1〜10　馬《うま》　10かく

馬がはしる　けい馬場
馬をかう　に馬車

▼なぞりましょう ▼書きじゅん ▼おぼえましょう　教科書下 112 ページ

北

はねる

読み方　ホク　きた

つかい方
北《ほっ》きょく点《てん》
東北地方《とうほくちほう》
北風《きたかぜ》がふく

なかまの字

☆方角のかん字

北
西　東
南

書きじゅん：1〜5　北《ひ》　5かく

北の大地
北と南

▼なぞりましょう ▼書きじゅん ▼おぼえましょう　教科書下 112 ページ

牛

つき出す　下を長く

読み方　ギュウ　うし

つかい方
牛《ぎゅう》にゅう
牛肉《ぎゅうにく》を買《か》う
母牛《ははうし》と子牛《こうし》

でき方

うしの頭の形からできた。

書きじゅん：1〜4　牛《うし》　4かく

牛と馬
牛をかう

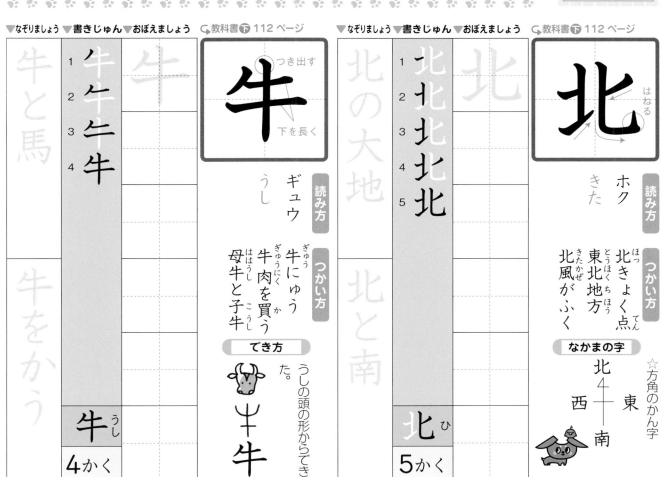

月　　日

▼なぞりましょう ▼書きじゅん ▼おぼえましょう

教科書下 119 ページ

走

下を長く
つける

読み方
ソウ
はしる

つかい方
きょう走《そう》
走《はし》り回《まわ》る
走《はし》り書《が》き

でき方
人がはしるようすと、足の形からできた。

書きじゅん：1〜7
走 はしる
7かく

広場で走る
走りさる

▼なぞりましょう ▼書きじゅん ▼おぼえましょう

教科書下 120 ページ

売

上を長く
はらう
はねる

読み方
バイ
うる
うれる

つかい方
えきの売店《ばいてん》
売《う》り買《か》い
よく売《う》れる

はんたいの字

書きじゅん：1〜7
売 さむらい
7かく

馬を売る
売り切れ

▼なぞりましょう ▼書きじゅん ▼おぼえましょう

教科書下 124 ページ

弱

むきにちゅうい

読み方
ジャク
よわる
よわい
よわまる
よわめる

つかい方
弱点《じゃくてん》
力《ちから》が弱《よわ》い
体《からだ》が弱《よわ》る

はんたいの字

「弱」と「強」ははんたいなのに、どちらも弓があるんだね。

書きじゅん：1〜10
弓 ゆみ
10かく

体が弱る
弱ってくる

▼なぞりましょう ▼書きじゅん ▼おぼえましょう

教科書下 133 ページ

強

つける
はねる
とめる

読み方
キョウ
つよい
つよまる
つよめる
◆ゴウ・しいる

つかい方
強弱《きょうじゃく》
力《ちから》が強《つよ》い
風《かぜ》が強《つよ》まる

はんたいの字

書きじゅん：1〜11
弓 ゆみへん
11かく

強い風
気が強い

月　　日

読み方が新しいかん字

かん字	読み方	つかい方	前に出た読み方
草	ソウ	ざっ草《そう》をとる	草《くさ》
原	ゲン	広《ひろ》い草原《そうげん》	野原《のはら》
少	ショウ	少年《しょうねん》のぼうし	少《すく》ない 少《すこ》し
頭	トウ	番頭《ばんとう》になる	頭《あたま》
食	くう	えさを食《く》う	食《た》べる
兄	キョウ	なかよし兄弟《きょうだい》	兄《あに》
弟	ダイ	兄弟《きょうだい》思《おも》い	弟《おとうと》
家	ケ	家来《けらい》をよぶ	家《いえ》 はつめい家《か》

かん字	読み方	つかい方	前に出た読み方
来	ライ	来月《らいげつ》のよてい	来《く》る
音	ね	きれいな音色《ねいろ》	音《おと》 音読《おんどく》

読み方が新しいかん字が、たくさんあるね。

月　日

スーホの白い馬
楽しかったよ、二年生

1 かん字を読みましょう。

① 草原を歩く。

② いそいでめしを食う。

③ 兄弟のなかがよい。

④ けい馬の大会。

⑤ 北風がふく。

⑥ いなかで牛をかう。

⑦ 車が走る。

2 □にかん字を書きましょう。

① □《うま》をかう。

② お米が□《う》り切れていた。

③ □《しょう》□《ねん》の話を聞く。

④ □《さん》□《とう》のひつじをかう。

⑤ □《らい》□《ねん》のよていを立てる。

⑥ □《しょう》□《すう》の人のいけん。

⑦ うつくしい□《ね》□《いろ》。

⑧ 王さまの□《け》□《らい》。

⑨ 体力が□《よわ》る。

⑩ □《つよ》い風がふく。

⑪ 国のみ□《らい》を考える。

⑫ しだいに風が□《よわ》まる。

教科書 下111～135ページ
答え 9ページ

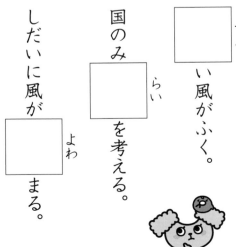

かん字の広場⑤ 1年生でならったかん字

教科書 下131ページ
答え 9ページ

月　日

1 かん字を読みましょう。

① 男（　）の人が走る。

② 女（　）の人も走る。

③ みんなで、かけ 足（　）。

④ けん玉の 名人（　）になる。

⑤ 木の 下（　）に人がいる。

⑥ 右（　）の方へ行く。

⑦ 左（　）の方へ行く。

2 □にかん字を書きましょう。

① おとうさんは、□《ちから》もち。

② びょう気で学校を□《やす》む。

③ たてものの中に□《はい》る。

④ つくえの□《うえ》の本。

⑤ □《あお》□《ぞら》が広がる。

⑥ 山の間から月が□《で》る。

⑦ □《たけ》にはふしがある。

⑧ □《こ》どもがあそんでいる。

⑨ わたしは□《あし》がはやい。

⑩ 石の□《した》に虫がいた。

⑪ □《みぎ》手で字を書く。

⑫ □《ひだり》耳でよく聞く。

春のチャレンジテスト

1 ——線のかん字の読みがなを書きましょう。　一つ2点（22点）

① となりの（　　）国。

② （　　）計算についてはとても（　　）強い。

③ （　　）雨戸をしめる音が（　　）鳴りひびく。

④ （　　）弓をかまえて（　　）矢をとばす。

⑤ （　　）教室にむかってゆっくりと（　　）歩く。

⑥ （　　）草原を犬といっしょに（　　）走った。

2 つぎの文につかうとき、正しいかん字は｛　｝の中のどちらですか。〇でかこみましょう。　一つ2点（12点）

① かん字を｛会体・合体｝させるクイズ。

② ひとりの｛少年・小年｝が町にやって来た。

③ とのさまの｛毛来・家来｝たちがあつまる。

④ 車がすごいスピードで｛歩・走｝りさった。

⑤ 妹はバレエの｛天木・天才｝だ。

⑥ 道を｛通行・通交｝止めにする。

時間30分　／100　ごうかく80点

教科書　下84〜135ページ

答え　10ページ

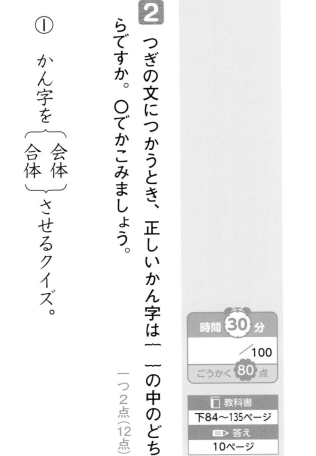

□月□日

3 あとの□からなかまのことばを見つけて、□にかん字で書きましょう。

一つ3点（33点）

① 食べものやのみものをあらわす。

□ □ □ □

② 方角をあらわす。

□ □ □

③ 生きものをあらわす。

□ □ □ □

とり　にく　うま
はな　むぎ　むし
くさ　うし　こめ
いと　みなみ　きた
にし　ちゃ

4 つぎの□に、かん字を書きましょう。

一つ3点（33点）

① □《こた》える。

② けい□《ば》の大会を見る。

③ □□《きょうだい》と話す。

④ □《もん》をあける。

⑤ □□《いちば》に行く。

⑥ □《う》りもの

⑦ □《ち》きゅうぎを見る。

⑧ □□《こうじょう》見《けん》学

⑨ すずの□《ね》が聞こえる。

⑩ □□《さんとう》のひつじ。

⑪ 昼には、風が□《よわ》まる。

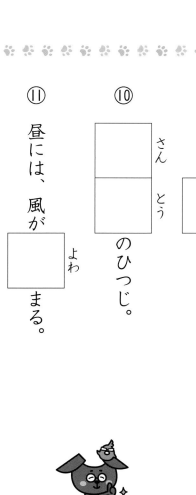

読み方さくいん

◆二年生で ならう かん字の 読みを ぜんぶ のせて います。
◆かたかなは 音読み、ひらがなは くん読みです。
◆＊の 読みは 小学校では ならわない 読み方です。
◆数字は この 本で 出て くる ページです。

読み	漢字	ページ
＊ケイ	兄	51
＊ケイ	京	64
ケイ	計	85
ケン（ゲン）	間	47
ゲン	言	3
ゲン	元	26
ゲン	原	66
こ		
コ	古	64
コ	戸	80
＊こ	黄	11
ゴ	後	31
ゴ	午	52
ゴ	語	53
コウ	行	3
＊コウ	黄	11
コウ	高	12
コウ	考	13
コウ	広	25
コウ	光	27
コウ	後	31
コウ	公	35
コウ	工	54
コウ	交	61
ゴウ	合	58
＊ゴウ	強	88
こえ	声	2
コク	黒	11
コク	国	53
＊コク	谷	71
こころ	心	75
こたえ	答	81
こたえる	答	81
こと	言	3
こまか	細	71
こまかい	細	71
こめ	米	67
＊こわ	声	2
コン	今	19
ゴン	言	3
さ		
サ	作	68
＊サ	茶	80
＊サイ	切	20
サイ	西	65
サイ	細	71
サイ	才	84
さかな	魚	25
サク	作	68
さと	里	60
サン	算	53
し		
シ	思	7
＊シ	姉	21
シ	紙	43
シ	自	57
シ	止	65
シ	市	81
＊シ	矢	85
ジ	自	57
ジ	時	57
ジ	寺	65
ジ	地	81
＊しいる	強	88
シキ	色	11
＊ジキ	食	26
ジキ	直	42
したしい	親	48
したしむ	親	48
シツ	室	85
シャ	社	19
ジャク	弱	88
シュ	首	75
シュウ	週	60
シュウ	秋	68
シュン	春	7
ショ	書	4
＊ショウ	声	2
＊ショウ	星	62
ショウ	少	71
ジョウ	場	81
ショク	色	11
ショク	食	26
しる	知	4
しるす	記	7
シン	新	13
シン	親	48
シン	心	75
す		
＊ス	数	31
ズ	図	3
ズ	頭	37
スウ	数	31
すくない	少	71
すこし	少	71
せ		
セイ	声	2
セイ	晴	13
セイ	星	62
セイ	西	65
セツ	雪	2
セツ	切	20
セン	線	21
セン	船	66
ゼン	前	25
そ		
ソ	組	30
ソウ	走	88
そと	外	48
＊その	園	35
た		
タ	太	12
タ	多	13
タイ	太	12
タイ	体	16
タイ	台	66
＊ダイ	内	20
ダイ	弟	52
ダイ	台	66
たか	高	12
たかい	高	12
たかまる	高	12
たかめる	高	12
ただちに	直	42
たに	谷	71
たのしい	楽	48
たのしむ	楽	48
たべる	食	26
ち		
チ	知	4
チ	池	30
チ	地	81
ちかい	近	17
ちち	父	51
チャ	茶	80
チュウ	昼	47
チョウ	長	16
チョウ	鳥	38
チョウ	朝	46
チョク	直	42
つ		
＊ツ	通	37
ツウ	通	37
つくる	作	68
つの	角	61
つよい	強	88
つよまる	強	88
つよめる	強	88
て		
＊デ	弟	52
＊テイ	体	16
＊テイ	弟	52
てら	寺	65
テン	店	20
テン	点	31
デン	電	48
と		
ト	図	3
＊ト	頭	37
と（ど）	戸	80
トウ	読	2
トウ	刀	20
トウ	頭	37
トウ	当	47
トウ	東	64
＊トウ	道	65
トウ	冬	76
トウ	答	81
ドウ	同	17
ドウ	道	65
とおい	遠	43
とおす	通	37
とおる	通	37
とき	時	57
トク	読	2
ドク	読	2
とまる	止	65
とめる	止	65
とも	友	43
とり	鳥	38

な

＊ナ	南	3
ナイ	内	20
なおす	直	42
なおる	直	42
ながい	長	16
なかば	半	47
なく	鳴	75
なつ	夏	35
なに	何	58
ならす	鳴	75
なる	鳴	75
ナン	南	3
なん	何	58

に

にい	新	13
ニク	肉	8
にし	西	65

の

の	野	66
のち	後	31

は

は	羽	34
バ	馬	87
ば	場	81
バイ	買	32
バイ	売	88
はからう	計	85
＊はかる	図	3
はかる	計	85
＊バク	麦	80
はしる	走	88
はずす	外	48
はずれる	外	48
はなし	話	9
はなす	話	9
はね	羽	34
はは	母	51
はら	原	66
はらす	晴	13
はる	春	7
はれる	晴	13
ハン	半	47
＊バン	万	37
バン	番	60

ひ

ひがし	東	64
ひかり	光	27
ひかる	光	27
ひく	引	34
ひける	引	34
ひる	昼	47
ひろい	広	25
ひろがる	広	25
ひろげる	広	25
ひろまる	広	25
ひろめる	広	25

ふ

＊フ	風	12
フ	父	51
＊フ	歩	82
ブ	分	42
＊ブ	歩	82
フウ	風	12
ふとい	太	12
ふとる	太	12
ふな	船	66
ふね	船	66
ふゆ	冬	76
ふるい	古	64
ふるす	古	64
フン	分	42
ブン	聞	9
ブン	分	42

へ

ベイ	米	67

ほ

ホ	歩	82
ボ	母	51
ホウ	方	4
ほか	外	48
ホク	北	87
ほし	星	62
ほそい	細	71
ほそる	細	71

ま

ま	間	47
ま	馬	87
＊マイ	妹	21
マイ	毎	46
マイ	米	67
まえ	前	25
まざる	交	61
まじえる	交	61
まじる	交	61
まじわる	交	61
まぜる	交	61
まる	丸	31
まるい	丸	31
まるめる	丸	31
まわす	回	42
まわる	回	42
マン	万	37

み

みずから	自	57
みせ	店	20
みち	道	65
みなみ	南	3
ミョウ	明	62

む

むぎ	麦	80
＊むろ	室	85

め

メイ	明	62
メイ	鳴	75

も

モウ	毛	12
もちいる	用	61
もと	元	26
＊モン	聞	9
モン	門	84

や

ヤ	夜	52
ヤ	野	66
や	家	30
や	矢	85
やしろ	社	19

ゆ

ユウ	友	43
ゆき	雪	2
ゆく	行	3
ゆみ	弓	84

よ

よ	夜	52
ヨウ	曜	8
ヨウ	用	61
よむ	読	2
よる	夜	52
よわい	弱	88
よわまる	弱	88
よわめる	弱	88
よわる	弱	88

ら

ライ	来	38
ラク	楽	48

り

リ	里	60
リ	理	68

わ

ワ	話	9
わかつ	分	42
わかる	分	42
わかれる	分	42
わける	分	42

この「丸つけラクラクかいとう」は　とりはずして　お使《つか》い　ください。

教科書ぴったりトレーニング

丸つけラクラクかいとう

光村図書版 かん字２年

「丸つけラクラクかいとう」では　問題《もんだい》と　同じ　紙面《しめん》に、赤字で　答《こた》えを　書いて　います。
①問題が　とけたら、まずは　答え合わせを　しましょう。
②まちがえた　問題や　わからなかった　問題は、ぴったり１に　もどったり、教科書を　見返《みかえ》したり　して、もう　一度《いちど》　見直しましょう。

見やすい答え

てびき

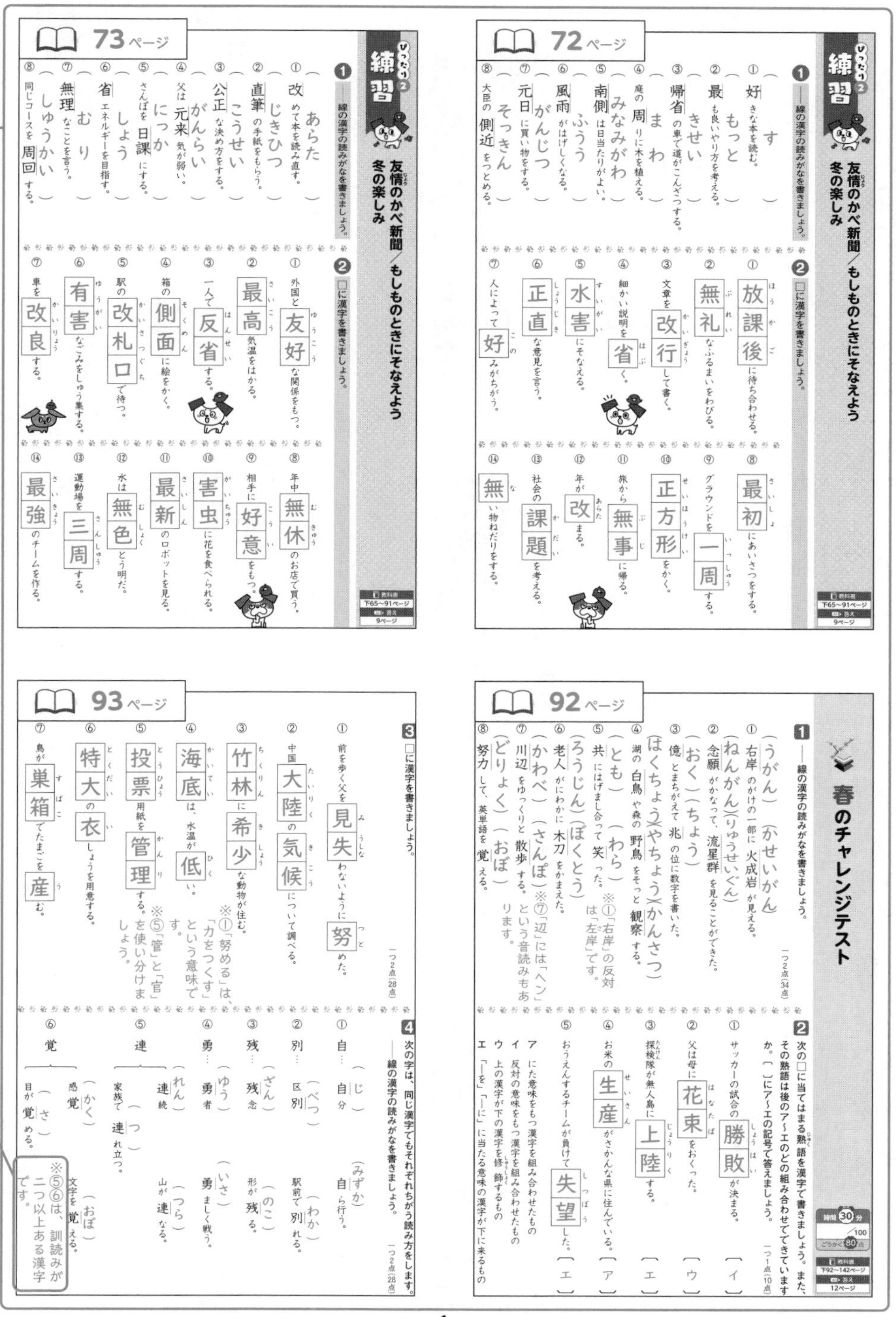

※紙面はイメージです。

6ページ

ぴったり2 れんしゅう

ふきのとう　図書館《かん》たんけん

❶ かん字を　読みましょう。

① 字を　読む。（よ）

② 雪が　ふる。（ゆき）

③ いけんを　言う。（い）

④ 絵を　見る。（え）

⑤ 学校に　行く。（い）

⑥ かん字の　おぼえ方。（かた）

⑦ もの知りの　人。（し）

❷ □に　かん字を　書きましょう。

① さく文を　音《おん》読《どく》する。

② 雪《ゆき》が　つもった。

③ 声《こえ》が　きこえる。

④ 言《い》いつけを　まもる。

⑤ 南《みなみ》かぜが　ふく。

⑥ こん虫《ちゅう》の　本。

⑦ すてきな　絵《え》本《ほん》。

⑧ 文を　読《よ》む。

⑨ 山に　行《い》きたい。

⑩ 図《と》書《しょ》館《かん》

⑪ 書《か》きとりの　テスト。

⑫ すぐに　知《し》らせる。

教科書　上19～35ページ　答え　2ページ

10ページ

ぴったり2 れんしゅう

春が　いっぱい　日記を　書こう　ともだちは　どこかな

❶ かん字を　読みましょう。

① 春が　ちかづく。（はる）

② 小さい　ころを　思い出す。（おも）

③ 日記に　書く。（にっき）

④ あしたは　土曜日。（どようび）

⑤ おみせで　肉を　かう。（にく）

⑥ ともだちと　話しあう。（はな）

⑦ つくしが　生える。（は）

❷ □に　かん字を　書きましょう。

① うめは　春《はる》の　はじめに　さく。

② あたたかい　春《はる》。

③ うれしく　思《おも》う。

④ りょこうの　思《おも》い出。

⑤ ノートに　記《き》ろくする。

⑥ 水《すい》曜《よう》日《び》は　はれ。

⑦ 肉《にく》りょうり

⑧ お肉《にく》を　たべる。

⑨ うわさ話《ばなし》を　する。

⑩ わかるように　話《はな》す。

⑪ 足音を　聞《き》いた。

⑫ ラジオの　音《おん》声《せい》。

教科書　上36～44ページ　答え　2ページ

15ページ

ぴったり2 れんしゅう

たんぽぽの　ちえ

❶ かん字を　読みましょう。

① 黄色い　リボン。（きいろ）

② からだが　太る。（ふと）

③ たんぽぽの　わた毛。（げ）

④ 高い　たてもの。（たか）

⑤ さわやかな　風。（かぜ）

⑥ 晴れた　空。（は）

⑦ ごみが　多い。（おお）

❷ □に　かん字を　書きましょう。

① 黄《き》みどりの　花が　さく。

② あざやかな　色《いろ》だ。

③ 黒《くろ》と　白の　もよう。

④ やせた　ねこを　太《ふと》らせる。

⑤ かみの　毛《け》を　とかす。

⑥ 新《あたら》しい　ぼうし。

⑦ 行《ぎょう》を　かえる。

⑧ そよ風《かぜ》が　ふく。

⑨ こたえを　考《かんが》える。

⑩ 見晴《は》らしが　よい。

⑪ しめり気《け》が　ある。

⑫ 雨の　日が　多《おお》い。

教科書　上45～54ページ　答え　2ページ

18ページ

ぴったり2 れんしゅう

かんさつ名人に　なろう

❶ かん字を　読みましょう。

① おかしな　形。（かたち）

② 長い　みちのり。（なが）

③ うしろの　方を　むく。（ほう）

④ 体を　きたえる。（からだ）

⑤ 人名を　書く。（じんめい）

⑥ 同じ　読みの　かん字。（おな）

⑦ いえが　近い。（ちか）

❷ □に　かん字を　書きましょう。

① 形《かたち》を　ととのえる。

② まるい　形《かたち》を　つくる。

③ きりんは　くびが　長《なが》い。

④ 長《なが》さを　くらべる。

⑤ 学校に　近《ちか》づく。

⑥ じょうぶな　体《からだ》。

⑦ 近《ちか》くの　山に　のぼる。

⑧ きのうと　同《おな》じ　ふく。

⑨ 日《にっ》本《ぽん》人《じん》

⑩ しょうぎの　名《めい》人《じん》。

⑪ かおを　近《ちか》づける。

⑫ 山の　方《ほう》を　見る。

教科書　上56～61ページ　答え　2ページ

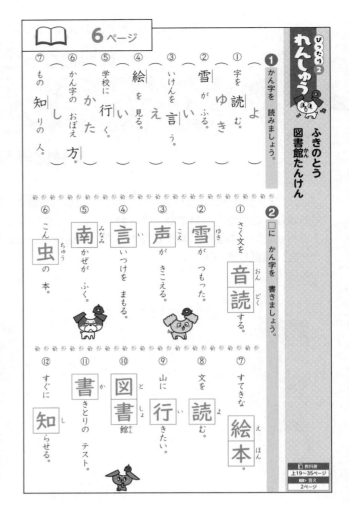

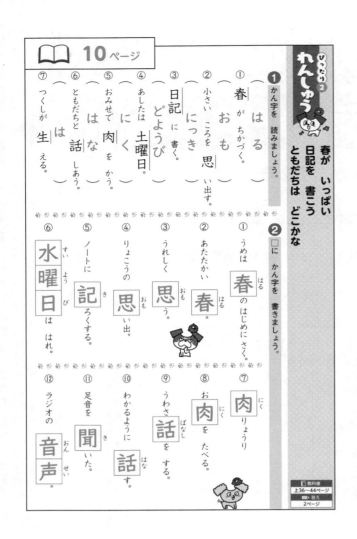

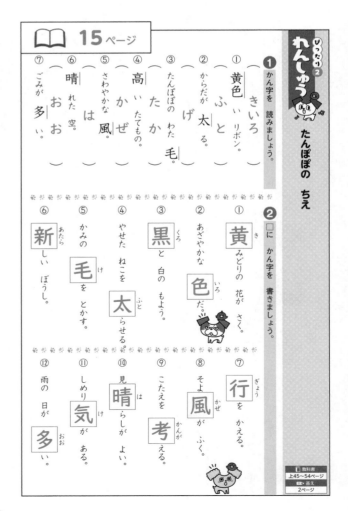

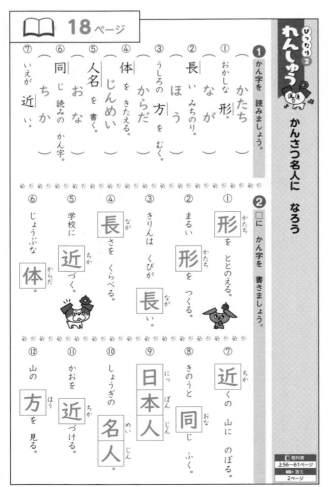

23ページ

ぴったり2 れんしゅう　同じ ぶぶんを もつ かん字

1 かん字を 読みましょう。

① 会社（かいしゃ）に 行く。
② さむらいの 刀（かたな）。
③ 肉を 切（き）る。
④ 町内（ちょうない）の おまつり。
⑤ ひろい 店（みせ）の 中。
⑥ まっすぐな 線（せん）。
⑦ 汽車（きしゃ）が はしる。

2 □に かん字を 書きましょう。

① 今《いま》にも 雨が ふりそうだ。
② はっぴょう会《かい》を する。
③ 社《しゃ》会《かい》に 出る。
④ 小《こ》刀《がたな》を つかう。
⑤ 内《ない》しょ話を する。
⑥ しょくひんの 店《みせ》。

⑦ 姉《あね》と 出かける。
⑧ 長い 線《せん》を ひく。
⑨ ふねの 汽《き》てきが なる。
⑩ 海《うみ》が 見える。
⑪ 妹《いもうと》と あそぶ。
⑫ 小《こ》ぜにを ひろう。

教科書 上65〜66ページ　答え 3ページ

24ページ

ぴったり2 れんしゅう　同じ ぶぶんを もつ かん字

1 かん字を 読みましょう。

① 今（いま）から 出かける。
② 学きゅう会（かい）で 話す。
③ 社（しゃ）いんに なる。
④ ふるい 刀（かたな）。
⑤ かみの 毛を 切（き）る。
⑥ 町会（ちょうかい）に 出る。
⑦ 校内（こうない）ほうそうを 聞く。

2 □に かん字を 書きましょう。

① 店《みせ》で おかしを かう。
② 姉《あね》に 本を かりる。
③ 妹《いもうと》は 一年生だ。
④ 二本の 線《せん》が まじわる。
⑤ 汽《き》車《しゃ》が とおる。
⑥ 線《せん》ろの そばの みち。
⑦ にんじんを 切《き》る。
⑧ 海《うみ》で およぐ。
⑨ 小《こ》ざかなを たべる。
⑩ 会《かい》社《しゃ》で はたらく。
⑪ 町《ちょう》内《ない》の 見まわり。
⑫ よく 切《き》れる はさみ。

教科書 上65〜66ページ　答え 3ページ

28ページ

ぴったり2 れんしゅう　スイミー

1 かん字を 読みましょう。

① 小さな 魚（さかな）。
② 名前（なまえ）を 言う。
③ 元気（げんき）に なった。
④ 海の そこの 岩（いわ）。
⑤ パンを 食（た）べる。
⑥ たいようの 光（ひかり）。
⑦ 広（ひろ）い 海。

2 □に かん字を 書きましょう。

① まっすぐ 前《まえ》に すすむ。
② ゆめが 広《ひろ》がる。
③ ふく元《げん》された いせき。
④ 岩《いわ》に よじのぼる。
⑤ 人に みちを 教《おし》えた。
⑥ 光《ひかり》を はっする。

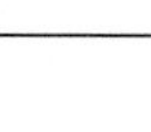

⑦ ライトの 光《ひかり》。
⑧ 前《まえ》を むく。
⑨ りょう手を 広《ひろ》げる。
⑩ 魚《さかな》つりを する。
⑪ 食《た》べものを かう。
⑫ 水《すい》中《ちゅう》に もぐる。

教科書 上67〜80ページ　答え 3ページ

29ページ

ぴったり2 れんしゅう　かん字の ひろば① 1年生で ならった かん字

1 かん字を 読みましょう。

① 夕日（ゆうひ）が しずむ。
② ともだちの すむ 町（まち）。
③ 森（もり）には 木が しげる。
④ 学校（がっこう）の とけいを 見る。
⑤ しずかな 村（むら）。
⑥ 林（はやし）の そばを 歩く。
⑦ 車（くるま）が はしって いく。

2 □に かん字を 書きましょう。

① 赤《あか》い やねの いえ。
② 学《がっ》校《こう》を たずねる。
③ 青《あお》い 海。
④ 太った 王《おう》さま。
⑤ 貝《かい》がらを あつめる。
⑥ 川《かわ》で つりを たのしむ。

⑦ 田《た》んぼや はたけ。
⑧ 森《もり》で きのこを とる。
⑨ 村《むら》の おまつり。
⑩ 町《まち》に 店を ひらく。
⑪ 山《やま》に のぼる。
⑫ 車《くるま》で りょこうする。

教科書 上81ページ　答え 3ページ

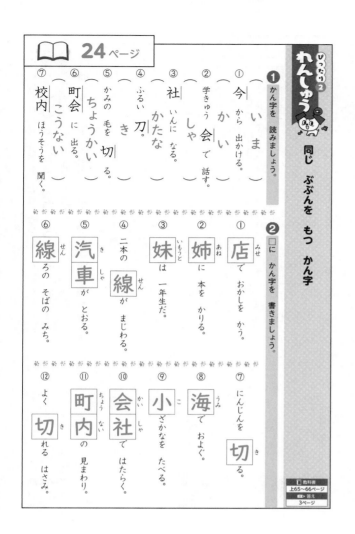

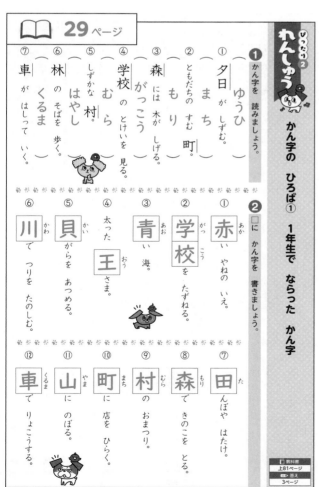

33ページ

ぴったり2 れんしゅう　メモを とる とき　こんな もの、見つけたよ　丸、点、かぎ

1 かん字を 読みましょう。

① 家（いえ）を たてる。
② 池（いけ）の 絵を かく。
③ 手を 組（く）む。
④ 後（うし）ろむきに なる。
⑤ つみきの 数（かず）を かぞえる。
⑥ ケーキを 買（か）った。
⑦ 文に 丸（まる）を つける。

2 □に かん字を 書きましょう。

① 新しい 家《いえ》に ひっこす。
② 家《いえ》の 中で すごす。
③ 池《いけ》の 水どりたち。
④ 文に 点《てん》を つける。
⑤ プラモデルを 組《く》み立てる。
⑥ いすの 後《うし》ろ。
⑦ 丸《まる》で かこむ。
⑧ テストで 百点《てん》を とる。
⑨ 花を 買《か》う。
⑩ 買《か》いものに 出かける。
⑪ いすの 数《かず》。
⑫ 会《かい》話《わ》が はずむ。

教科書 上82〜89ページ　答え 4ページ

36ページ

ぴったり2 れんしゅう　あったらいいな、こんなもの　夏がいっぱい　お気に入りの本をしょうかいしよう

1 かん字を読みましょう。

① 姉に手を 引（ひ）かれる。
② 羽（はね）を休める。
③ 雲（くも）の上。
④ 夏（なつ）になる。
⑤ 書店（しょてん）に行く。
⑥ 校長（こうちょう）先生と話す。
⑦ 夏休（なつやす）みになる。

2 □にかん字を書きましょう。

① 十から三を 引《ひ》く。
② カラスの 羽《はね》。
③ 空の 雲《くも》にのりたい。
④ ひこうき雲《ぐも》が見える。
⑤ あつい 夏《なつ》の日。
⑥ 妹はようち園《えん》にかよう。
⑦ パンやさんの 店《てん》長《ちょう》
⑧ 社《しゃ》長《ちょう》にたのむ。
⑨ 公《こう》園《えん》にあつまる。
⑩ 三ごう店《てん》ができる。
⑪ どうぶつ園《えん》に行く。
⑫ 考えを 引《ひ》き出す。

教科書 上90〜100ページ　答え 4ページ

39ページ

ぴったり2 れんしゅう　ミリーのすてきなぼうし

1 かん字を読みましょう。

① 車がたくさん 通（とお）る。
② 一万円（いちまんえん）さつを出す。
③ クイズに 頭（あたま）をひねる。
④ 妹が 来（く）る。
⑤ すきな 歌（うた）が聞こえる。
⑥ 数が 足（た）りない。
⑦ はこの中が 空（から）になる。

2 □にかん字を書きましょう。

① 大《おお》通《どお》りに出る。
② 万《まん》に一つのかのうせい。
③ 頭《あたま》が下がる。
④ 冬《ふゆ》が 来《く》る。
⑤ とおくからやって 来《き》た。
⑥ 歌《うた》って、おどった。
⑦ 十万《まん》本の花。
⑧ 手を 頭《あたま》にのせる。
⑨ 頭《あたま》がいたい。
⑩ 鳥《とり》がとんでいく。
⑪ すこしの水で 足《た》りる。
⑫ 引き出しを 空《から》っぽにする。

教科書 上101〜113ページ　答え 4ページ

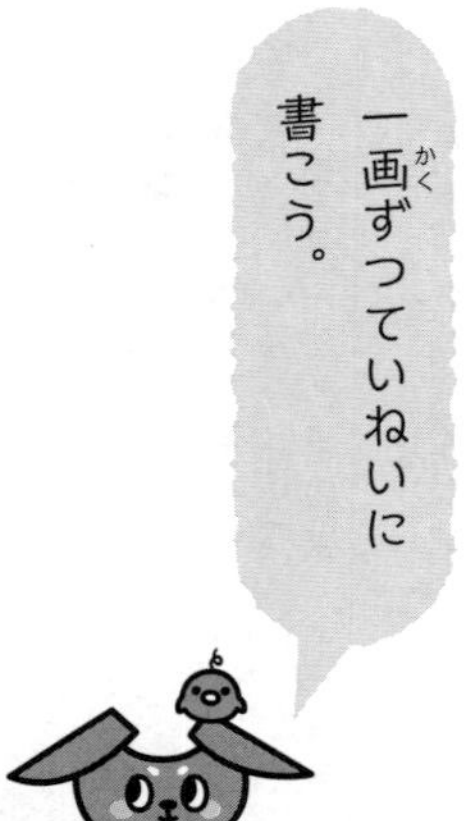

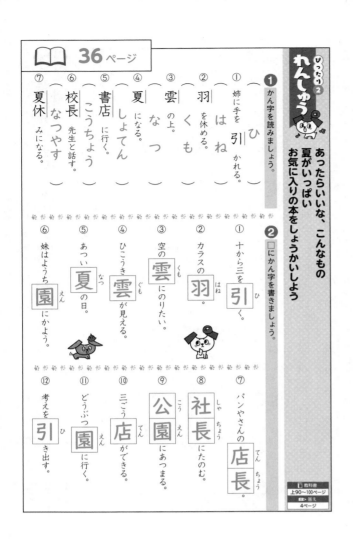

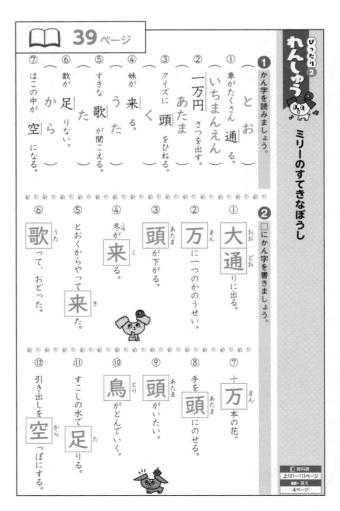

40ページ

夏のチャレンジテスト

1 ――線のかん字の読みがなを書きましょう。 一つ2点(22点)

① ていねいに字を書（か）く。
② 本を読（よ）んで知（し）った。
③ 南（みなみ）からくるわたり鳥（どり）。
④ 春（はる）のはじめにふる雪（ゆき）。
⑤ 黄色（きいろ）いたんぽぽとわた毛（げ）。
⑥ 公園（こうえん）へあそびに行（い）った。

※③「とり」ではなく、「どり」となります。
※⑥「こおえん」はまちがいです。

2 赤いぶぶんをさいしょに書くかん字には、○をつけましょう。そうではないかん字には、×をつけましょう。 一つ2点(24点)

① 妹（×）　② 雲（×）
③ 店（×）　④ 光（○）
⑤ 声（×）　⑥ 岩（○）
⑦ 夏（○）　⑧ 聞（○）
⑨ 刀（×）　⑩ 考（×）
⑪ 丸（○）　⑫ 点（○）

時間30分　/100　ごうかく80点
教科書 上19〜113ページ
答え 5ページ

41ページ

3 上のことばとはんたいのいみのことばを、かん字をつかって書きましょう。 一つ3点(24点)

① ひくい ― 高い
② せまい ― 広い
③ ほそい ― 太い
④ とおい ― 近い
⑤ みじかい ― 長い
⑥ うる ― 買う
⑦ すくない ― 多い
⑧ 雨 ― 晴れ

※③「大」・「犬」・「太」のつかいわけに気をつけましょう。
※⑦「多」は六かくで書きます。

4 つぎの□に、かん字を書きましょう。 一つ3点(30点)

① そよ風《かぜ》
② 引《ひ》きざん
③ えき前《まえ》
④ ぶた肉《にく》
⑤ 汽車《きしゃ》にのる。
⑥ おとぎ話《ばなし》
⑦ 会社《かいしゃ》につとめる。
⑧ いけんを言《い》う。
⑨ 木の切《き》りかぶ。
⑩ 火曜日《かようび》に出かける。

※⑤「気車」と書かないようにしましょう。

44ページ

ぴったり2 れんしゅう

ことばでみちあんない みの回りのものを読もう 書いたら、見直そう

1 かん字を読みましょう。

① 話がよく分（わ）かる。
② クラスで回（かい）らんする。
③ 目が回（まわ）る。
④ 新しく書き直（なお）す。
⑤ 紙（かみ）くずをすてる。
⑥ 遠足（えんそく）に行く。
⑦ 友（とも）だちとあそぶ。

2 □にかん字を書きましょう。

① 食べものを分《わ》ける。
② 引き分《わ》けになる。
③ みの回《まわ》りのせわをする。
④ 文しょうを書き直《なお》す。
⑤ 紙《かみ》しばいを見る。
⑥ 手紙《てがみ》をもらう。

⑦ 遠《えん》りょする。
⑧ 友《とも》だちと出かける。
⑨ おばあちゃんに会《あ》う。
⑩ 妹のきげんが直《なお》る。
⑪ こまを回《まわ》してあそぶ。
⑫ 分《わ》かれみちに出る。

教科書 上116〜121ページ
答え 5ページ

45ページ

ぴったり2 れんしゅう

かん字のひろば② 1年生でならったかん字

1 かん字を読みましょう。

① さいこうの天気（てんき）。
② かん字（じ）をれんしゅうする。
③ きれいな花火（はなび）を見た。
④ 文（ぶん）しょうを読む。
⑤ 糸（いと）でんわであそぶ。
⑥ 雨（あめ）にぬれてかえった。
⑦ 口（くち）をとじる。

2 □にかん字を書きましょう。

① 月曜日《げつようび》
② 火曜日《かようび》
③ 水曜日《すいようび》
④ 木曜日《もくようび》
⑤ 金曜日《きんようび》
⑥ 土曜日《どようび》

⑦ 日曜日《にちようび》
⑧ 虫《むし》とりに行く。
⑨ にわの草《くさ》とりをした。
⑩ 花《か》だんにたねをまく。
⑪ 早《はや》おきは、気もちがよい。
⑫ 耳《みみ》をすます。

教科書 上122ページ
答え 5ページ

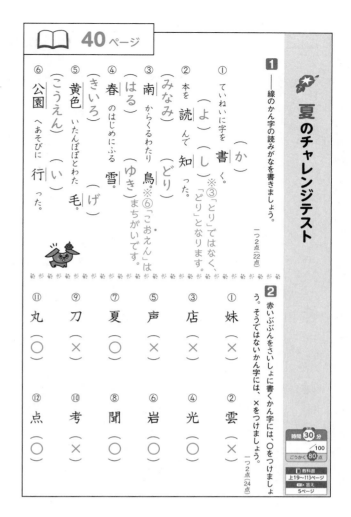

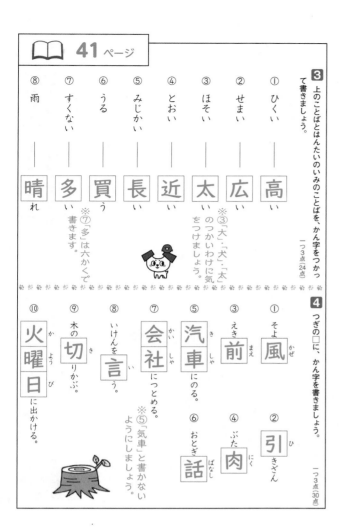

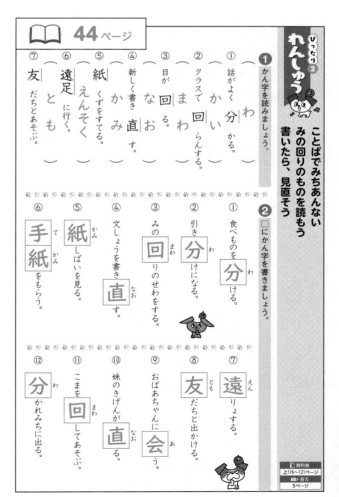

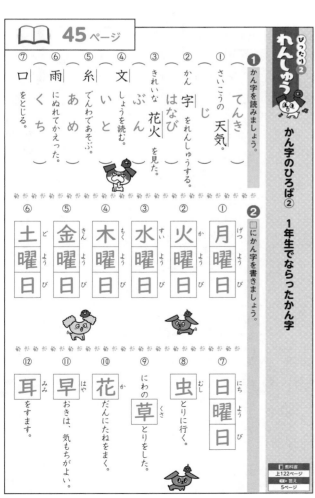

50ページ

ぴったり2 れんしゅう

どうぶつ園のじゅうい
ことばあそびをしよう

1 かん字を読みましょう。

① 朝日（あさひ）がさしている。
② うれしそうな 顔（かお）。
③ 毎日（まいにち）、かならずすること。
④ まとに 当（あ）てる。
⑤ かべとつくえの 間（あいだ）。
⑥ 昼（ひる）ごはんを食べる。
⑦ 半分（はんぶん）にしたバナナ。

2 □にかん字を書きましょう。

① 電話《でんわ》に出る。
② 外《そと》に出る。
③ かるたを楽《たの》しむ。
④ 本に親《した》しむ。
⑤ 後《あと》で知らせます。
⑥ 人間《にんげん》の体。
⑦ レモンを半分《はんぶん》に切る。
⑧ 毎回《まいかい》くりかえす。
⑨ 大切《たいせつ》な手紙。
⑩ 数《かぞ》え歌を歌う。
⑪ 朝《あさ》にさんぽする。
⑫ てん校生と親《した》しくなる。

教科書 上123～137ページ　答え 6ページ

55ページ

ぴったり2 れんしゅう

なかまのことばとかん字

1 かん字を読みましょう。

① かもの 親子（おやこ）。
② 父（ちち）と話す。
③ 母（はは）とわたし。
④ 二つ上の 兄（あに）。
⑤ あすの 午前（ごぜん）。
⑥ 午後（ごご）のじかん。
⑦ 教科書（きょうかしょ）をひらく。

2 □にかん字を書きましょう。

① 夜《よる》に出かける。
② がい国《こく》のことば。
③ きょうつう語《ご》で話す。
④ 算数《さんすう》のべんきょう。
⑤ 体《たい》そうをする。
⑥ 音楽《おんがく》のじかん。
⑦ 四人で生活《せいかつ》する。
⑧ 紙に図《ず》をかく。
⑨ 弟《おとうと》とあそぶ。
⑩ 図工《ずこう》の先生。
⑪ 母《はは》とかいものをする。
⑫ 体《たい》じゅうをはかる。

教科書 上138～139ページ　答え 6ページ

56ページ

ぴったり2 れんしゅう

かん字のひろば③ 1年生でならったかん字

1 かん字を読みましょう。

① 目（め）のけんさをする。
② きれいな 花（はな）がさいた。
③ 先生（せんせい）もおうえんする。
④ 手（て）をあげる。
⑤ 大（おお）きい魚をつる。
⑥ かん字を 正（ただ）しくつかう。
⑦ 一年生（いちねんせい）がまっている。

2 □にかん字を書きましょう。

① 小《ちい》さい魚がいる。
② せいれつして立《た》つ。
③ 音《おと》あわせをする。
④ 外は白《しろ》い雪におおわれる。
⑤ ひな鳥が大きく口《くち》をあける。
⑥ 木に赤《あか》いみがなる。
⑦ 白《しろ》い雲。
⑧ 口《くち》をあけてわらう。
⑨ 中《ちゅう》ぐらいの大きさ。
⑩ かぶと虫を見《み》つける。
⑪ 石《いし》をならべる。
⑫ 小学《しょうがく》二年生になる。

教科書 上140ページ　答え 6ページ

59ページ

ぴったり2 れんしゅう

お手紙

1 かん字を読みましょう。

① 自分（じぶん）の考えを言う。
② 話し 合（あ）いをする。
③ 時（とき）をつげるかねの音。
④ 家に 帰（かえ）りたい。
⑤ 何（なに）かのみますか。
⑥ 長い 時間（じかん）がすぎた。
⑦ きみは、ぼくの 親友（しんゆう）だ。

2 □にかん字を書きましょう。

① 家で自《じ》しゅうする。
② 自《じ》てん車をこぐ。
③ 知り合《あ》いに会う。
④ けい算が合《あ》う。
⑤ 時《とき》がたつのは早い。
⑥ 夜の八時《はちじ》になった。
⑦ 時間《じかん》がたつ。
⑧ 帰《かえ》りみち
⑨ 何《なに》か食べる。
⑩ あの人は親切《しんせつ》だ。
⑪ 妹は友人《ゆうじん》が多い。
⑫ 何《なに》かかって帰る。

教科書 下13～28ページ　答え 6ページ

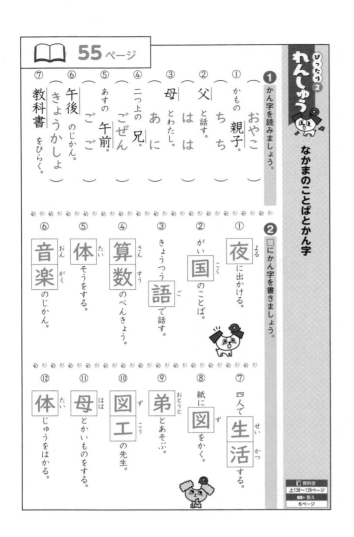

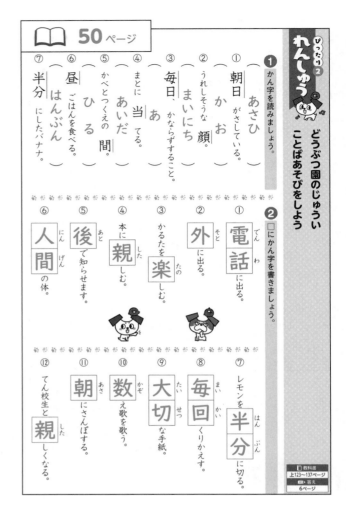

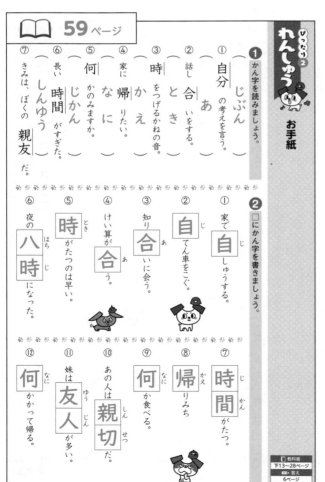

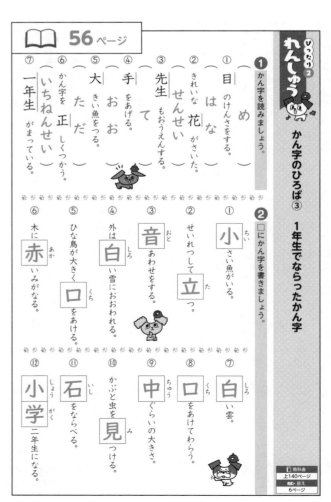

63ページ

ぴったり2 れんしゅう

主語《しゅ》と述語《じゅつ》に 気をつけよう

1 かん字を読みましょう。

① 何回（なんかい）も言う。
② 里山（さとやま）にあきがおとずれた。
③ 今週（こんしゅう）は天気がよい。
④ 交番（こうばん）でみちをたずねる。
⑤ 画用紙（がようし）に絵をかく。
⑥ 丸や四角（しかく）をかく。
⑦ 交通（こうつう）あんぜんをねがう。

2 □にかん字を書きましょう。

① 明《あか》るい光が見える。
② 南の空の星《ほし》がかがやく。
③ そうじ当番《とうばん》になる。
④ 風《かざ》むきがかわる。
⑤ 通話《つうわ》がとぎれる。
⑥ 今月《こんげつ》のしごと。
⑦ 里《さと》いもをほる。
⑧ 空が明《あか》るい。
⑨ 風《かざ》かみに立つ。
⑩ むねに番《ばん》ごうをつける。
⑪ 何《なん》とかかたづける。
⑫ 用《よう》じで出かける。

教科書 下29～30ページ　答え 7ページ

69ページ

ぴったり2 れんしゅう

かん字の読み方 秋がいっぱい そうだんにのってください

1 かん字を読みましょう。

① 東京（とうきょう）へむかう。
② 古（ふる）い町をあるく。
③ お寺（てら）をたずねる。
④ 西日（にしび）がさしこむ。
⑤ 電車が止（と）まる。
⑥ さか道（みち）をのぼる。
⑦ 野山（のやま）を行く。

2 □にかん字を書きましょう。

① 原《はら》っぱであそぶ。
② ふみ台《だい》にのる。
③ 船《ふね》にのる。
④ おいしいお米《こめ》。
⑤ 金魚《きんぎょ》が入った水そう。
⑥ 空《あ》いたせきにすわる。
⑦ 夜《よ》がふける。
⑧ 年が明《あ》ける。
⑨ 気をつけて下山《げざん》する。
⑩ 秋《あき》まつりの日。
⑪ お話を作《つく》る。
⑫ りょう理《り》を食べる。

教科書 下31～40ページ　答え 7ページ

70ページ

ぴったり2 れんしゅう

かん字の読み方 秋がいっぱい そうだんにのってください

1 かん字を読みましょう。

① 東（とう）ほく地《ち》方に行く。
② 京（きょう）のみやこ。
③ 古本（ふるほん）を買う。
④ お寺（てら）まいりに行く。
⑤ 西（にし）の方こうにすすむ。
⑥ 金魚（きんぎょ）をかう。
⑦ 空（あ）きばこをあつめる。

2 □にかん字を書きましょう。

① 夜空《よぞら》を見上げる。
② 明《あ》け方に目がさめる。
③ ふじ山《さん》にのぼる。
④ しんごうで車が止《と》まる。
⑤ 道《みち》がせまい。
⑥ パンを作《つく》る。
⑦ 広い野原《のはら》をあるく。
⑧ 台本《だいほん》を読む。
⑨ 船《ふね》でたびをする。
⑩ お米《こめ》をとぐ。
⑪ みのりの秋《あき》になる。
⑫ 理《り》ゆうを言う。

教科書 上31～40ページ　答え 7ページ

73ページ

ぴったり2 れんしゅう

紙コップ花火の作り方 おもちゃの作り方をせつめいしよう にたいみのことば、はんたいのいみのことば

1 かん字を読みましょう。

① あと少（すこ）しで家につく。
② 谷川（たにがわ）の水をくむ。
③ 細（ほそ）い糸でぬう。
④ 長方形（ちょうほうけい）をかく。
⑤ 内（うち）ポケットに入れる。
⑥ 黒（こく）ばんに字を書く。
⑦ 新聞（しんぶん）を読む。

2 □にかん字を書きましょう。

① 少《すこ》し休む。
② ふかい谷《たに》にさく花。
③ 谷川《たにがわ》にそって行く。
④ 細《ほそ》いえだをひろう。
⑤ か細《ぼそ》い声で話す。
⑥ 三角形《さんかくけい》におる。
⑦ かばんの内《うち》がわ。
⑧ 黒《こく》ばんをけす。
⑨ 学きゅう新聞《しんぶん》を作る。
⑩ まんがの新《しん》かんが出る。
⑪ バスの数が少《すく》ない。
⑫ 少《すこ》し食べる。

教科書 下41～53ページ　答え 7ページ

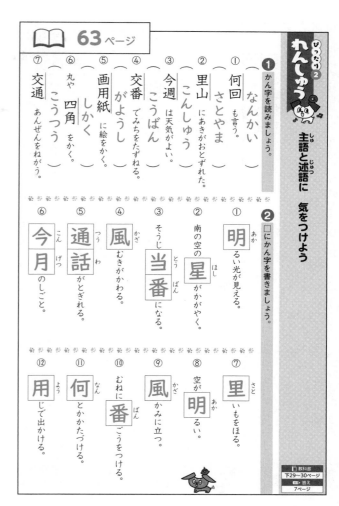

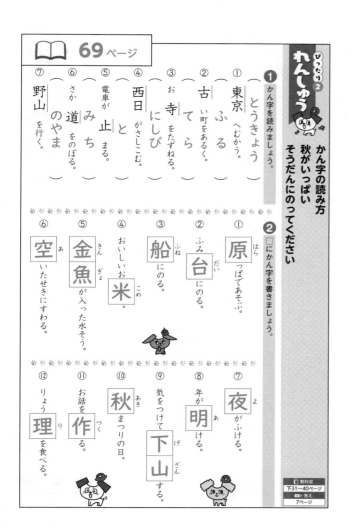

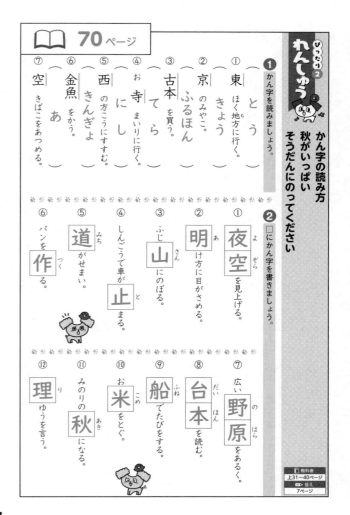

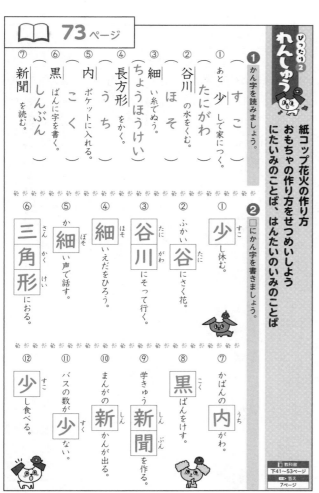

74ページ

ぴったり2 れんしゅう

かん字のひろば④ 1年生でならったかん字

1 かん字を読みましょう。

① 五（ご）ひきの子ねこ。
② 花を四本（よんほん）おくろう。
③ 犬（いぬ）とさんぽする。
④ 九（きゅう）かいだてのビル。
⑤ パラソルが一本（いっぽん）。
⑥ 二（に）ひきのねこ。
⑦ ここに百円玉（ひゃくえんだま）がある。

2 □にかん字を書きましょう。

① おべんとうは六《ろっ》百《ぴゃく》円《えん》。
② 千《せん》円《えん》さつを出す。
③ 犬《いぬ》とあるく。
④ 子ぶたを三《さん》びきつれている。
⑤ 八《はち》人《にん》の子どもがいる。
⑥ 一つ七《なな》十《じゅう》円《えん》だ。
⑦ おにぎりが四《よっ》つある。
⑧ えんぴつを二《に》本《ほん》買う。
⑨ 五《ご》玉《たま》の毛糸であむ。
⑩ 九《きゅう》回くりかえす。
⑪ 百《ひゃく》人《にん》の人がまっている。
⑫ 一《いっ》ぴきの黒ねこ。

教科書 下56ページ　答え 8ページ

77ページ

ぴったり2 れんしゅう

みきのたからもの 冬がいっぱい

1 かん字を読みましょう。

① 作文（さくぶん）を書く。
② 遠（とお）いところから来る。
③ 一生（いっしょう）けんめいはしる。
④ 首（くび）をかしげる。
⑤ ねこの鳴（な）き声がする。
⑥ 心（こころ）の中で思ったこと。
⑦ 冬（ふゆ）休みが近い。

2 □にかん字を書きましょう。

① 絵本の作《さく》しゃの話を聞く。
② 遠《とお》い町にひっこす。
③ 一《いっ》生《しょう》に一どのできごと。
④ きりんの長い首《くび》。
⑤ 首《くび》にマフラーをまく。
⑥ にわで鳥が鳴《な》く。
⑦ やさしい心《こころ》のもちぬし。
⑧ 日ごろから心《こころ》がける。
⑨ ま冬《ふゆ》のさむさになる。
⑩ 冬《ふゆ》げしき
⑪ ピアノで作《さっ》きょくする。
⑫ 作《さく》ひんてんに出かける。

教科書 下57～81ページ　答え 8ページ

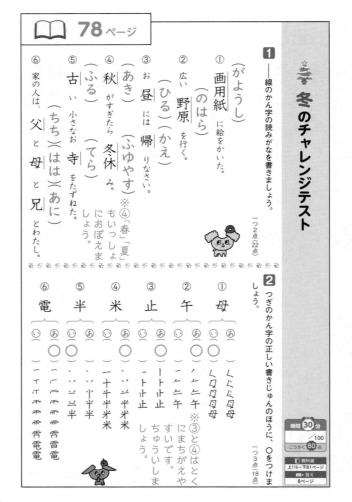

78ページ

冬のチャレンジテスト

時間30分　/100　ごうかく80点

1 ――線のかん字の読みがなを書きましょう。　一つ2点（22点）

① 画用紙（がようし）に絵をかいた。
② 広い野原（のはら）を行く。
③ お昼（ひる）には帰（かえ）りなさい。
④ 秋（あき）がすぎたら冬休（ふゆやす）み。
※④「春」「夏」もいっしょにおぼえましょう。
⑤ 古（ふる）い小さなお寺（てら）をたずねた。
⑥ 家の人は、父（ちち）と母（はは）と兄（あに）とわたし。

2 つぎのかん字の正しい書きじゅんのほうに、○をつけましょう。　一つ3点（18点）

① 母　い（○）
② 午　あ（○）
③ 止　あ（○）
④ 米　あ（○）
⑤ 半　い（○）
⑥ 電　あ（○）

※③と④はとくにまちがえやすいです。ちゅういしましょう。

教科書 上116～下81ページ　答え 8ページ

79ページ

3 つぎのかん字の、二通りまたは三通りの読み方を書きましょう。　一つ2点（30点）

① 魚　あ 魚やさん（さかな）　い 金魚をかう。（ぎょ）
② 親　あ 親友に会う。（しん）　い 親と子。（おや）
③ 明　あ 明るい人。（あか）　い 夜が明ける。（あ）
④ 友　あ 友だちと話す。（とも）　い 友じょうをちかう。（ゆう）
⑤ 作　あ 作文を書く。（さく）　い ケーキを作る。（つく）
⑥ 後　あ 後につづく人。（あと）　い 後ろの人。（うし）
⑦ 大　あ 車が大きい。（おお）　い 大じな友。（だい）　う 大切にする。（たい）

4 つぎの□に、かん字を書きましょう。　一つ3点（30点）

① 今《こん》週《しゅう》のよてい。
② 星《ほし》が光る。
③ 道《みち》にまよう。
④ みなとの船《ふね》。
⑤ 南の方《ほう》角《がく》。
⑥ 首《くび》をかしげた。
⑦ 毎《まい》日《にち》どうぶつのようすを見る。
※⑦「毎」は書きじゅんにも気をつけましょう。
⑧ 東《とう》京《きょう》から来た人。
⑨ 生《せい》活《かつ》科《か》で花のかんさつをする。
⑩ 図《ず》をかいてせつめいする。

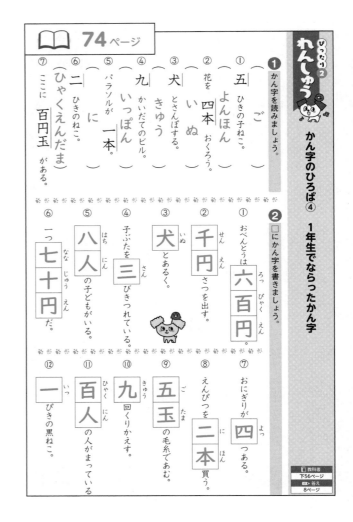

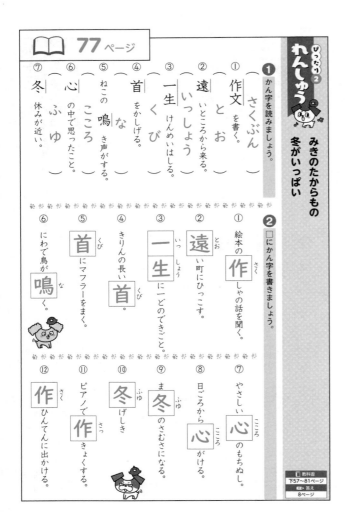

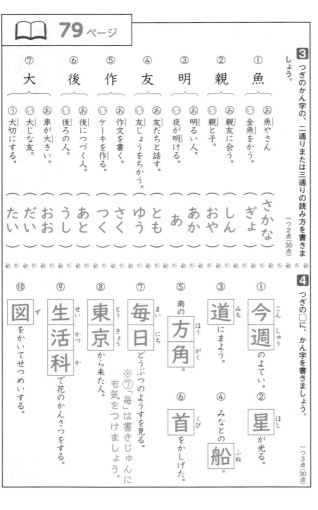

83ページ

ぴったり2 れんしゅう

かたかなで書くことば　ロボット

1 かん字を読みましょう。

① 戸（と）じまりをする。
② 雨戸（あまど）をしずかにしめる。
③ 教会のかねが鳴（な）る。
④ つめたい麦茶（むぎちゃ）をのむ。
⑤ 外国（がいこく）へ行く。
⑥ おとぎの国（くに）。
⑦ 広い土地（とち）にすむ。

2 □にかん字を書きましょう。

① 麦《むぎ》わらぼうしをかぶる。
② 朝市《あさいち》へ行く。
③ あそび場《ば》を見つける。
④ 正しい答《こた》えを出す。
⑤ といに答《こた》える。
⑥ ろうかを歩《ある》く。

⑦ 通行《つうこう》止めの道。
⑧ はつめい家《か》になる。
⑨ お茶《ちゃ》を入れる。
⑩ 地《ち》きゅうぎを買う。
⑪ 工場《こうじょう》ではたらく。
⑫ ふえが鳴《な》りひびく。

教科書 下84〜97ページ　答え 9ページ

86ページ

ぴったり2 れんしゅう

カンジーはかせの大はつめい　すてきなところをつたえよう

1 かん字を読みましょう。

① かん字の天才（てんさい）。
② かん字を合体（がったい）させる。
③ 門（もん）をあける。
④ 弓（ゆみ）のけいこをする。
⑤ 矢（や）じるしをつける。
⑥ 姉は計算（けいさん）がとくいだ。
⑦ 休みの計（けい）かくを立てる。

2 □にかん字を書きましょう。

① 教室《きょうしつ》がさわがしい。
② おん室《しつ》でそだてた花。
③ 兄は絵の才《さい》のうがある。
④ りっぱな門《もん》がまえの家。
⑤ 弓《ゆみ》なりの月が出ている。
⑥ 合《がっ》しょう大会に出る。

⑦ 室内《しつない》のくう気。
⑧ 音楽室《しつ》に行く。
⑨ 室《しつ》おんが高い。
⑩ 体おん計《けい》を買う。
⑪ 校門《こうもん》を出て帰る。
⑫ あの人は文才《ぶんさい》がある。

教科書 下104〜110ページ　答え 9ページ

90ページ

ぴったり2 れんしゅう

スーホの白い馬　楽しかったよ、二年生

1 かん字を読みましょう。

① 草原（そうげん）を歩く。
② いそいでめしを食（く）う。
③ 兄弟（きょうだい）のなかがよい。
④ けい馬（ば）の大会。
⑤ 北風（きたかぜ）がふく。
⑥ いなかで牛（うし）をかう。
⑦ 車が走（はし）る。

2 □にかん字を書きましょう。

① 馬《うま》をかう。
② お米が売《う》り切れていた。
③ 少年《しょうねん》の話を聞く。
④ 三頭《さんとう》のひつじをかう。
⑤ 来年《らいねん》のよていを立てる。
⑥ 少数《しょうすう》の人のいけん。

⑦ うつくしい音色《ねいろ》。
⑧ 王さまの家来《けらい》。
⑨ 体力が弱《よわ》る。
⑩ 強《つよ》い風がふく。
⑪ 国のみ来《らい》を考える。
⑫ しだいに風が弱《よわ》まる。

教科書 下111〜135ページ　答え 9ページ

91ページ

ぴったり2 れんしゅう

かん字の広場⑤　1年生でならったかん字

1 かん字を読みましょう。

① 男（おとこ）の人が走る。
② 女（おんな）の人も走る。
③ みんなで、かけ足（あし）。
④ けん玉の名人（めいじん）になる。
⑤ 木の下（した）に人がいる。
⑥ 右（みぎ）の方へ行く。
⑦ 左（ひだり）の方へ行く。

2 □にかん字を書きましょう。

① おとうさんは、力《ちから》もち。
② びょう気で学校を休《やす》む。
③ たてものの中に入《はい》る。
④ つくえの上《うえ》の本。
⑤ 青空《あおぞら》が広がる。
⑥ 山の間から月が出《で》る。

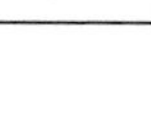

⑦ 竹《たけ》にはふしがある。
⑧ 子《こ》どもがあそんでいる。
⑨ わたしは足《あし》がはやい。
⑩ 石の下《した》に虫がいた。
⑪ 右《みぎ》手で字を書く。
⑫ 左《ひだり》耳でよく聞く。

教科書 下131ページ　答え 9ページ

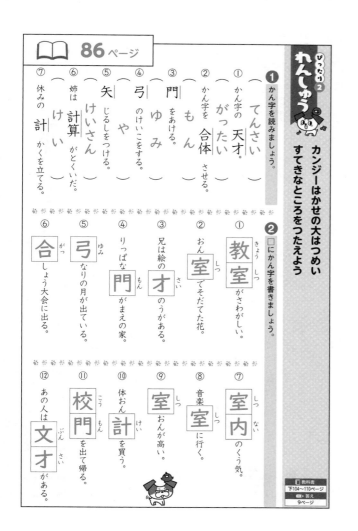

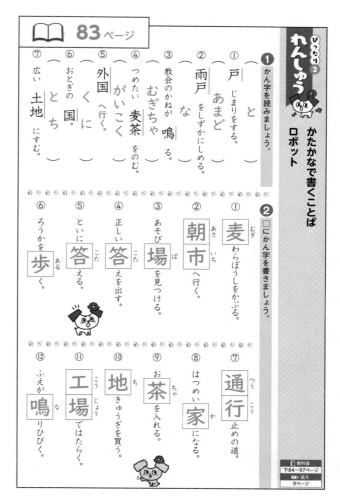

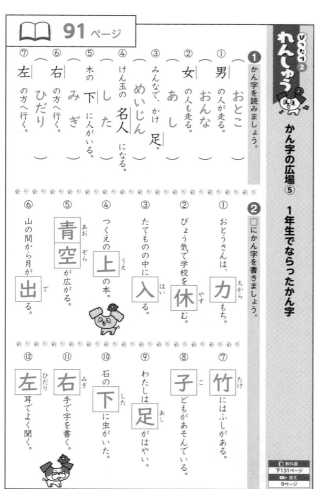

92ページ

春のチャレンジテスト

時間30分　／100　ごうかく80点
教科書　下84〜135ページ　答え　10ページ

1 ――線のかん字の読みがなを書きましょう。　一つ2点（22点）

① となりの 国（くに）。
② 計算（けいさん） についてはとても 強（つよ） い。
※②「強い」のはんたいのことばは「弱い」です。
③ 雨戸（あまど） をしめる音が 鳴（な） りひびく。
④ 弓（ゆみ） をかまえて 矢（や） をとばす。
⑤ 教室（きょうしつ） にむかってゆっくりと 歩（ある） く。
⑥ 草原（そうげん） を犬といっしょに 走（はし） った。

2 つぎの文につかうとき、正しいかん字は｛ ｝の中のどちらですか。〇でかこみましょう。　一つ2点（12点）

① かん字を｛会体・**合体**｝させるクイズ。
② ひとりの｛**少年**・小年｝が町にやって来た。
③ とのさまの｛毛来・**家来**｝たちがあつまる。
④ 車がすごいスピードで｛歩・**走**｝りさった。
⑤ 妹はバレエの｛天木・**天才**｝だ。
⑥ 道を｛**通行**・通交｝止めにする。

93ページ

3 あとの［　］からなかまのことばを見つけて、□にかん字で書きましょう。　一つ3点（33点）

① 食べものやのみものをあらわす。
肉　麦　米　茶
② 方角をあらわす。
南　北　西
③ 生きものをあらわす。
鳥　馬　虫　牛

とり	にく	うま
はな	むぎ	むし
くさ	うし	こめ
いと	みなみ	きた
にし	ちゃ	

※のこりのことばは「花」「草」「糸」です。

4 つぎの□に、かん字を書きましょう。　一つ3点（33点）

① 答《こた》える。
② けい馬《ば》の大会を見る。
③ 兄弟《きょうだい》と話す。
④ 門《もん》をあける。
⑤ 市場《いちば》に行く。
⑥ 売《う》りもの
⑦ 地《ち》きゅうぎを見る。
⑧ 工場《こうじょう》見学《けん》
⑨ すずの音《ね》が聞こえる。
※⑨「音」には「オン・おと」という読みもあります。
⑩ 三頭《さんとう》のひつじ。
⑪ 昼には、風が弱《よわ》まる。

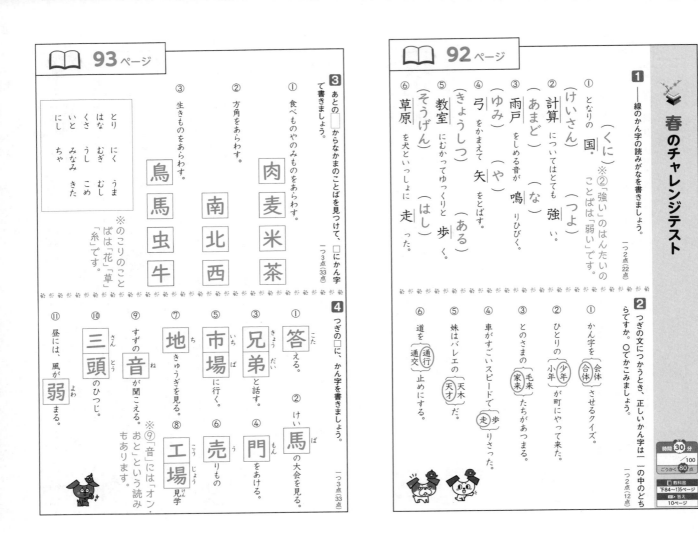

学力しんだんテスト①

2年 かん字のまとめ

学力《がくりょく》しんだんテスト①

名前　　月　日

時間 30分

ごうかく80点　／100

答え 11ページ

1 ―線のかん字の読みがなを書きましょう。　一つ1点(20点)

① どこに 行（い）きたいかを 聞（き）く。

② 星（ほし）が きらきらと 光（ひか）る。

③ 犬が 野原（のはら）を どこまでも 走（はし）る。

④ 広（ひろ）くて青い 海（うみ）を ヨットですすむ。

⑤ 冬（ふゆ）と くらべると 春（はる）の ほうがすきだ。

⑥ いつもとはちがう 道（みち）を 通って 帰（かえ）る。

⑦ かいた 図（ず）に ていねいに 色（いろ）を ぬる。

⑧ 学校の 外（そと）で きれいな 羽（はね）を ひろった。

⑨ こん 虫（ちゅう）の しゅるいは とても 多（おお）い。

⑩ 思（おも）っていることを 声（こえ）に 出す。

2 □にかん字を書きましょう。　一つ1点(20点)

① 肉《にく》とやさいをバランスよく食《た》べる。

② 自分《じぶん》のいけんを言《い》う。

③ 風《かぜ》がふいて戸《と》をゆらす。

④ 岩《いわ》かげから鳥《とり》がとびたつ。

⑤ 会社《かいしゃ》まで歩《ある》くのはたいへんだ。

⑥ へいの内《うち》がわに牛《うし》がいた。

⑦ そのお寺《てら》には大きな池《いけ》がある。

⑧ 兄《あに》が昼《ひる》ごはんを作ってくれた。

⑨ 台《だい》にのって高《たか》いたなをあける。

⑩ しばらくの間《あいだ》、答えを考《かんが》える。

➡うらにもんだいがあります。

3 つぎのかん字の二通りの読み方を書きましょう。　一つ1点(8点)

① 黒　あ 黒板《ばん》に書く。（こく）　い 黒いふく。（くろ）

② 前　あ 前を走る車。（まえ）　い 前方を見る。（ぜん）

③ 頭　あ 頭がいい。（あたま）　い 先頭に立つ。（とう）

④ 何　あ 何時ですか。（なん）　い 何か用ですか。（なに）

※①色をあらわすかん字にはほかに、「白」「赤」「青」「黄」などがあります。

4 つぎのかん字の赤いぶぶんは、何画目《かく》に書きますか。□に数字を書きましょう。　一つ2点(22点)

① 近　三画目

② 麦　二画目

③ 弱　四画目

④ 強　五画目

⑤ 市　四画目

⑥ 里　六画目

⑦ 来　二画目

⑧ 紙　九画目

⑨ 弟　五画目

⑩ 母　三画目

⑪ 回　六画目

※③「弱」は、ぜんぶで十画で書きます。

5 上のことばとはんたいのいみのことばを、かん字で書きましょう。　一つ2点(16点)

① くらい ↔ 明るい

② 近い ↔ 遠い

③ 新しい ↔ 古い

④ たくさん ↔ 少し

⑤ みじかい ↔ 長い

⑥ 売る ↔ 買う

⑦ 細い ↔ 太い

⑧ くるしい ↔ 楽しい

6 ―線の読み方が、一つだけほかとちがっているものがあります。それに〇をつけましょう。　一つ2点(14点)

① 馬　あ（　）馬車　い（〇）馬のり　う（　）木馬　え（　）けい馬

② 後　あ（　）生後　い（　）午後　う（　）前後　え（〇）後ろ

③ 夜　あ（　）夜空　い（　）夜ふかし　う（　）夜つゆ　え（〇）夜おそく

④ 紙　あ（〇）紙切れ　い（　）半紙　う（　）用紙　え（　）新聞紙

⑤ 親　あ（〇）親切　い（　）親子　う（　）父親　え（　）親心

⑥ 魚　あ（　）金魚　い（〇）魚つり　う（　）木魚　え（　）人魚

⑦ 話　あ（　）電話　い（　）話だい　う（　）どう話　え（〇）むかし話

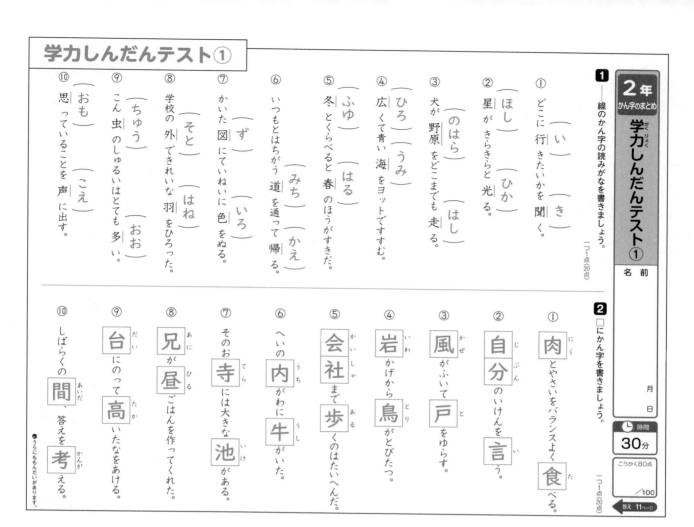

学力しんだんテスト②

2年 かん字のまとめ

学力《がくりょく》しんだんテスト②

名前　　月　日

時間 30分

ごうかく80点　　／100

答え 12ページ

1 ——線のかん字の読みがなを書きましょう。 一つ1点(20点)

① 朝顔（あさがお）がたくさんさいている公園（こうえん）。

② 交番（こうばん）はそのえきの北（きた）がわにある。

③ 父（ちち）の手がいっしゅん止（と）まった。

④ お店（みせ）で夕ごはんのための魚（さかな）を買った。

⑤ 本を読（よ）んで、かんそうを書（か）く。

⑥ 体（からだ）をきたえて強（つよ）くする。

⑦ 同（おな）じような形（かたち）の石が多い。

⑧ 東京（とうきょう）のことはあまりよく知（し）らない。

⑨ 秋（あき）になると、おいしいお米（こめ）がとどく。

⑩ テストでまん点（てん）をとって、元気（げんき）が出る。

2 □にかん字を書きましょう。 一つ1点(20点)

① 丸《まる》くてりっぱな里《さと》いも。

② 西《にし》の方角《ほうがく》を見る。

③ おばの家《いえ》でしばらく生活《せいかつ》する。

④ 姉《あね》がとくいなのは計算《けいさん》だ。

⑤ 新《あたら》しい校長先生《こうちょうせんせい》。

⑥ 汽車《きしゃ》が出てくるどう画《が》を見る。

⑦ かみの毛《け》を少しだけ切《き》る。

⑧ 麦《むぎ》わらぼうしに細《ほそ》いひもをつける。

⑨ 外《そと》では弱《よわ》い雨がふっている。

⑩ 小刀《こがたな》をつかって木の船《ふね》をつくる。

➡うらにももんだいがあります。

3 つぎの□に、上のぶぶんをもつかん字を書きましょう。 一つ2点(24点)

① ⻌　あ 近《ちか》い　い 通《とお》す

② 攵　あ 数《かず》　い 教《おし》える

③ 糸　あ 組《くみ》　い 絵《え》

④ ⻗　あ 雲《くも》　い 雪《ゆき》

⑤ 𠆢　あ 会《かい》話　い 今《こん》月

⑥ 日　あ 曜《よう》日　い 晴《は》れる

※①あ「近い」のはんたいは「遠い」です。

4 一つのことばになるように、上と下を——線でむすびましょう。（同じかん字は一回しかつかえません。） 一つ1点(10点)

①

あ 図　い 自　う 当　え 南　お 弓

矢　室　風　工　番

②

あ 半　い 音　う 日　え 土　お 午

記　地　分　後　楽

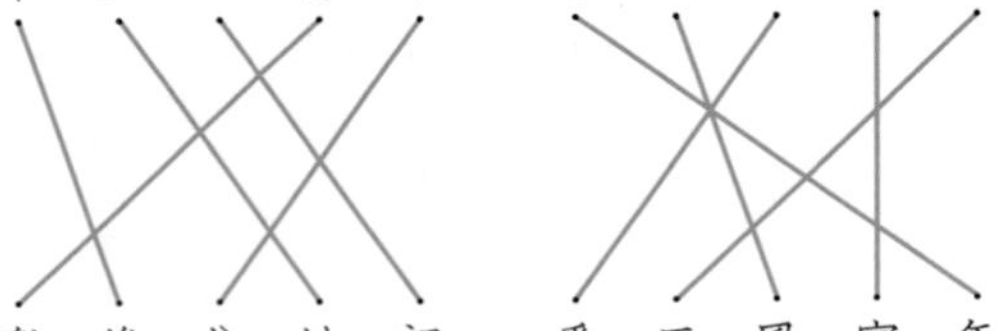

※あ「図工」は、ずこう、と読みます。

※あ「はんぶん」う「にっき」

5 つぎのかん字をくみあわせると、どんなかん字ができますか。□に書きましょう。 一つ2点(14点)

① 日＋寺＝時

② 日＋月＝明

③ 門＋日＝間

④ 山＋石＝岩

⑤ 口＋鳥＝鳴

⑥ 言＋五＋口＝語

⑦ 立＋木＋見＝親

6 形をまちがえてつかっているかん字に×をつけ、□に正しいかん字を書きましょう。 一つ2点(12点)

〈れい〉 来週《らいしゅう》中《ちゅう》に門《もん》ができる。　来

① 紙《かみ》に黄色《きいろ》のえのぐをぬった。　黄

※上までつき出ます。

② 妹《いもうと》が母《はは》のお茶《ちゃ》をこぼした。　茶

③ 夜道《よみち》を用《よう》じんして歩《ある》く。　用

※下までつき出ます。

④ 遠《とお》くの国《くに》から帰《かえ》ってきた兄《あに》。　国

※「、」がぬけています。

⑤ ぎゅうにゅうを毎日《まいにち》のむ少年《しょうねん》。　毎

⑥ 夏《なつ》は弟《おとうと》と海《うみ》へ行《い》こう。　夏

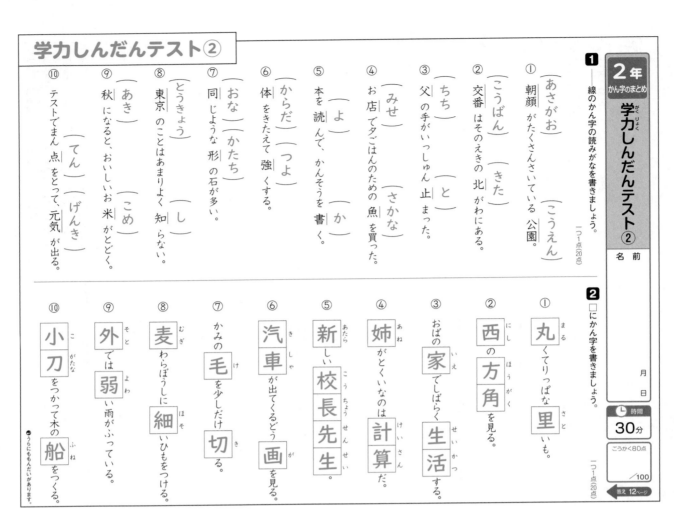

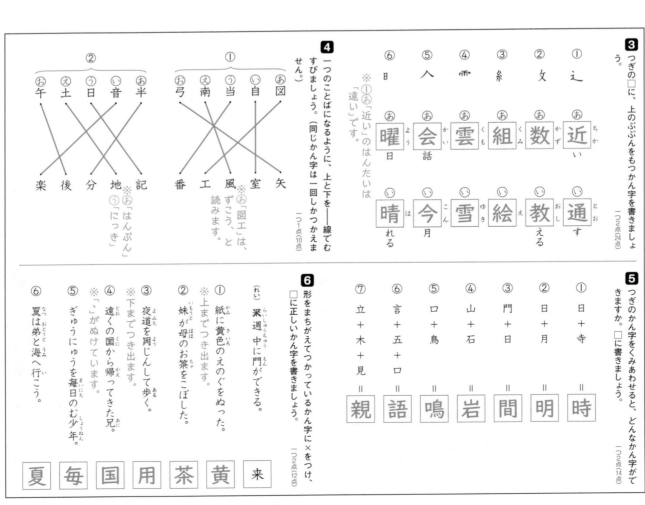

かん字クイズ

1 ①雪 ②言 ③方

2 ①月 ②水 ③金

3 ①形 ②高 ③絵 ④風 ⑤書 ⑥黄

4 ①雪 ②岩 ③店 ④海 ⑤魚 ⑥絵

5 ①長 ②図

ふろく　とりはずしておつかいください。

かん字 おさらいドリル

前《ぜん》学年で　ならった　かん字

1年生で　ならった　かん字を　ふくしゅうしましょう！

もくじ

2年　　くみ

1 あ行《ぎょう》の　かん字　一・右・雨・円・王・音
か行の　かん字①　下・火・花・貝・学・気・九・休・玉・金

テストに よくでる 1位《い》

/100

1 ――せんの　かん字の　よみがなを　かこう。　一つ4てん（32てん）

① いろいろな（　）音。
② （　）下から　見る。
③ （　）火ようびに　なる。
④ （　）花を　かざる。
⑤ （　）玉入れを　する。
⑥ （　）一息《いき》で　かく。
⑦ （　）円を　えがく。
⑧ 空《くう》（　）気が　ある。

2 □に　あう　かん字を　かこう。　一つ2てん（28てん）

① □《ひと》つだけ　もつ。
② □《おう》さまに　なる。

3 つぎの――せんを、かん字と　ひらがなで　かこう。　一つ5てん（40てん）

① ひとつの　ボール。（　）
② ひとつ　ふやす。（　）
③ やすんで　ください。（　）
④ あしたは　やすみだ。（　）

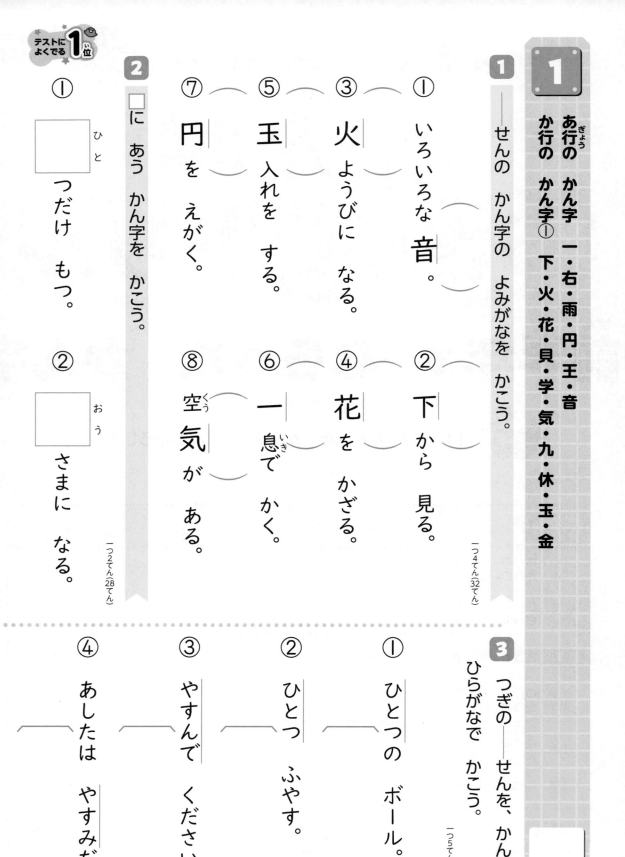

テストによくでる2位《い》

③ □《あめ》が ふる。

④ お□《かね》を ためる。

⑤ きれいな □《はな》。

⑥ □《きゅう》さいに なる。

⑦ □《がっ》校に いく。

⑧ □□□《いちえんだま》

⑨ □《きん》いろの コイン。

⑩ □《した》を むく。

テストによくでる3位《い》

⑪ □《みぎ》を むく。

⑫ □《ひ》を つける。

⑬ □《き》もちが わかる。

⑭ □《かい》がらを ひろう。

⑤ ここのつ かぞえる。〔　　〕

⑥ ここのつめの たね。〔　　〕

⑦ からだを やすめる。〔　　〕

⑧ ひとつだけ とる。〔　　〕

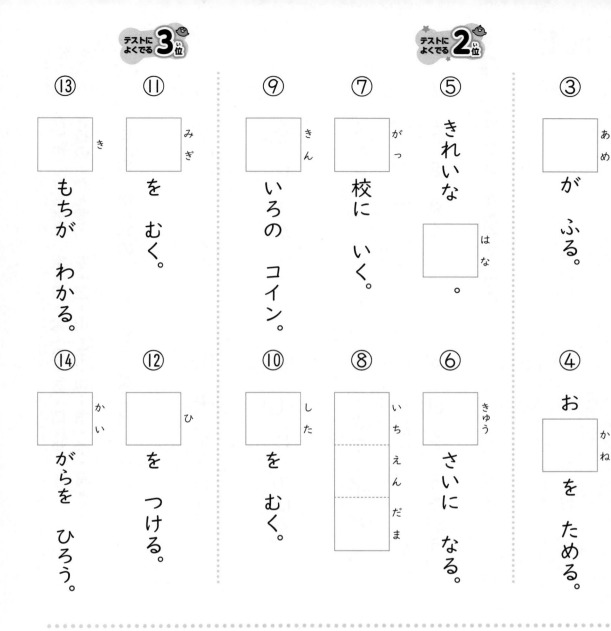

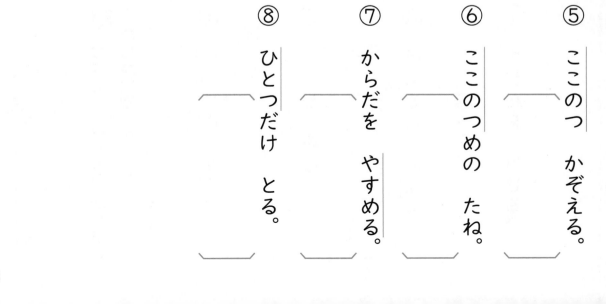

テストによくでる1位《い》

2 か行の　かん字②　空・月・犬・見・五・口・校
さ行の　かん字①　左・三・山・子・四・糸・字・耳・七

／100

1 ―せんの　かん字の　よみがなを　かこう。　一つ4てん(32てん)

① 学校に　かよう。

② 犬を　かう。

③ 空に　うかぶ。

④ 山に　のぼる。

⑤ まん月が　きれいだ。

⑥ 小さな　子ども。

⑦ 左を　見る。

⑧ 耳を　うたがう。

2 □に　あう　かん字を　かこう。　一つ2てん(28てん)

① □《そら》を　とびたい。

② □《いと》と　はり。

3 つぎの―せんを、かん字と　ひらがなで　かこう。　一つ5てん(40てん)

① いつつの　かぎ。

② じっと　みる。

③ げんきに　みえる。

④ すがたを　みせる。

テストによくでる2位《い》

③ □《つき》が でる。

④ むずかしい かん□《じ》。

⑤ □《いぬ》の さんぽ。

⑥ テレビを □《み》る。

⑦ どうろの □《ひだり》がわ。

⑧ □《いつ》つの おかし。

⑨ □《よん》まいの え。

⑩ □《くち》を あける。

テストによくでる3位《い》

⑪ □《こ》どもの 日《ひ》。

⑫ □《しち》□《がつ》に なる。

⑬ □《やま》道《みち》を あるく。

⑭ □《さん》かい とびあがる。

⑤ みっつ かぞえる。 〔　　〕

⑥ みっつの いし。 〔　　〕

⑦ よっつの やくそく。 〔　　〕

⑧ ななつの 子。 〔　　〕

テストに よくでる 1位《い》

3 さ行の かん字②

車・手・十・出・女・小・上・森・人・水・正・生・青・夕・石・赤

／100

1 ——せんの かん字の よみがなを かこう。 一つ4てん（32てん）

① おとなの 手。（　）

② 水 ようび（　）

③ 上を 見る。（　）

④ じてん車に のる。（　）

⑤ 小さい 川《かわ》。（　）

⑥ 人の こえ。（　）

⑦ 赤とんぼ（　）

⑧ 森を まもる。（　）

2 □に あう かん字を かこう。 一つ2てん（28てん）

① □《じゅう》にん あつまる。

② □《ひと》びとの くらし。

3 つぎの ——せんを、かん字と ひらがなで かこう。 一つ5てん（40てん）

① へやから でる。（　）

② はこから だす。（　）

③ ちいさい こえ。（　）

④ 手を あげる。（　）

テストによくでる2位《い》

③ つくえの □《うえ》。

④ すんだ □《あお》ぞら。

⑤ □《て》を あわせる。

⑥ □《じっ》かい よむ。

⑦ □《くるま》を うんてんする。

⑧ □《おんな》の子が わらう。

⑨ 一くみの □《せい》と。

⑩ 大きな □《もり》。

テストによくでる3位《い》

⑪ □《いし》を ひろう。

⑫ □《みず》が つめたい。

⑬ □《ゆう》やけが きれいだ。

⑭ □《すい》えいを おこなう。

---

⑤ ただしい しせい。（　　　）

⑥ 子どもが うまれる。（　　　）

⑦ あおい 目の 女の子。（　　　）

⑧ あかい ぼうし。（　　　）

テストに よくでる 1位《い》

4 さ行の かん字③ 千・川・先・早・草・足・村 た行の かん字 大・男・竹・中・虫・町・天・田・土

／100

1 ――せんの かん字の よみがなを かこう。 一つ4てん(32てん)

①（　）男の子。

②（　）中に はいる。

③（　）川が（　）見える。

④ しめった（　）土。

⑤（　）千円（　）しはらう。

⑥（　）足音が（　）きこえる。

⑦（　）町の（　）おまつり。

⑧（　）大ごえを だす。

2 □に あう かん字を かこう。 一つ2てん(28てん)

① □□《せんせい》と はなす。

② □《むし》めがねで 見る。

3 つぎの――せんを、かん字と ひらがなで かこう。 一つ5てん(40てん)

① おおきい 手。（　）

② はやめに かえる。（　）

③ まだ はやい じかんだ。（　）

④ おおいに よろこぶ。（　）

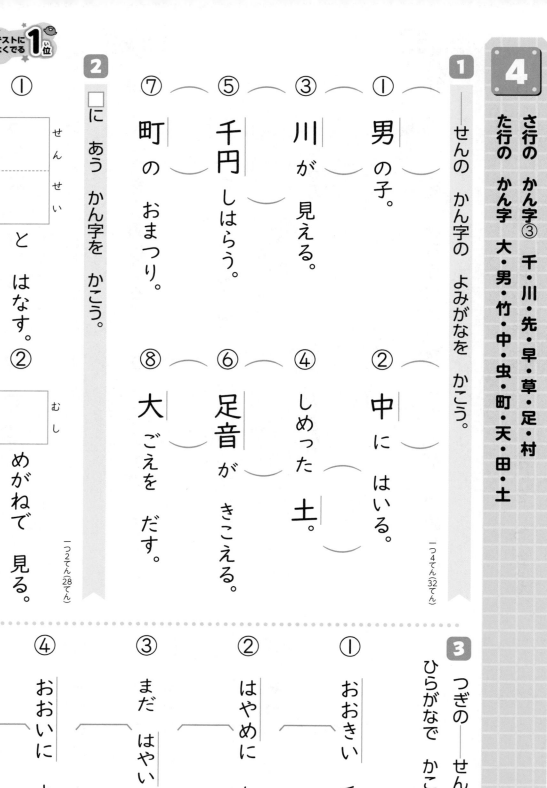

テストによくでる2位

③ □《まち》たんけんを する。

④ □《あし》が つかれる。

⑤ □《くさ》むしりを する。

⑥ □《むら》の いいつたえ。

⑦ □《なか》を のぞきこむ。

⑧ □《おとこ》の 人。

⑨ □《かわ》ぞこの 石。

⑩ □《たけ》とんぼで あそぶ。

テストによくでる3位

⑪ □《せん》ねんも むかし。

⑫ □《てん》□《き》が いい。

⑬ □《た》んぼの かかし。

⑭ □《ど》よう日に なる。

⑤ おおきな きりかぶ。（　　）

⑥ よていが はやまる。（　　）

⑦ 足を はやめる。（　　）

⑧ おおきさを はかる。（　　）

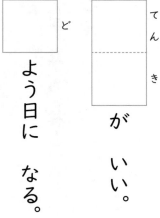

5 な行の かん字 二・日・入・年
は行の かん字 白・八・百・文・木・本
ま行の かん字 名・目 ら行の かん字 立・力・林・六

／100

テストに よくでる 1位《い》

1 ――せんの かん字の よみがなを かこう。 一つ4てん(32てん)

① 二本の えんぴつ。（　）

② 日が くれる。（　）

③ 百円で かう。（　）

④ 六月 六日（　）（　）

⑤ 八月 八日（　）（　）

⑥ 木せいと 土せい。（　）

⑦ 白の えのぐ。（　）

⑧ よく 目立つ。（　）

2 □に あう かん字を かこう。 一つ2てん(28てん)

① □□《いちにち》の おわり。

② □□《ねんげつ》を かぞえる。

3 つぎの――せんを、かん字と ひらがなで かこう。 一つ5てん(40てん)

① 水を いれる。（　）

② へやに はいる。（　）

③ とても 気に いる。（　）

④ しろい くつを はく。（　）

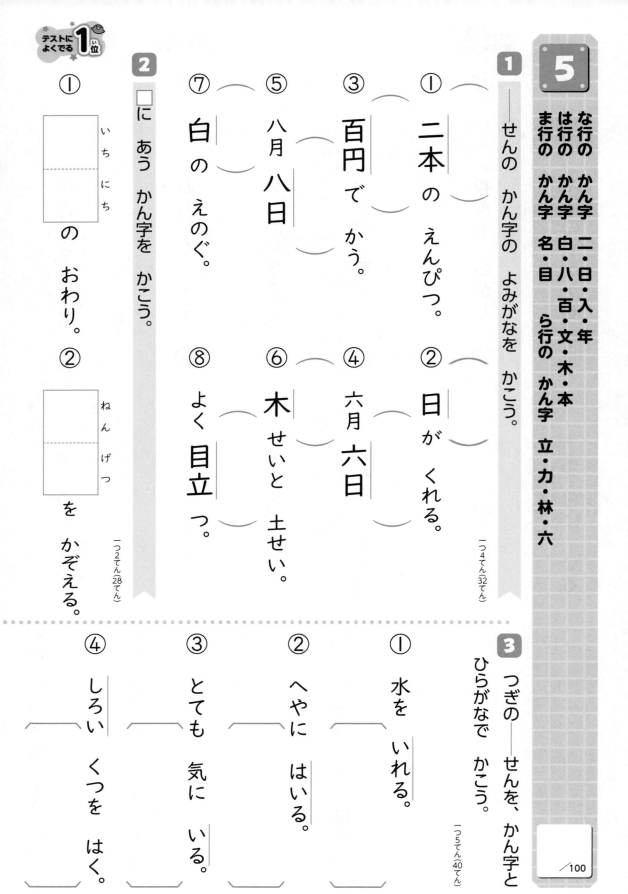

テストによくでる2位

③ □《ろく》まいの　プリント。

④ □《もく》ようの　できごと。

⑤ あかるい　お□《ひ》さま。

⑥ □《め》ぐすりを　さす。

⑦ □《ご》□《ねん》が　すぎる。

⑧ □《しろ》ぐみが　かつ。

⑨ □《ぶん》しょうを　よむ。

⑩ □《はち》この　あめ。

テストによくでる3位

⑪ □《な》まえを　かく。

⑫ □《き》に　のぼる。

⑬ □《ちから》もちの　男。

⑭ □《はやし》の　中の　いえ。

---

⑤ しっかり　たつ。（　　）

⑥ むっつ　かぞえる。（　　）

⑦ ふたつの　もくひょう。（　　）

⑧ やっつ　もって　いる。（　　）

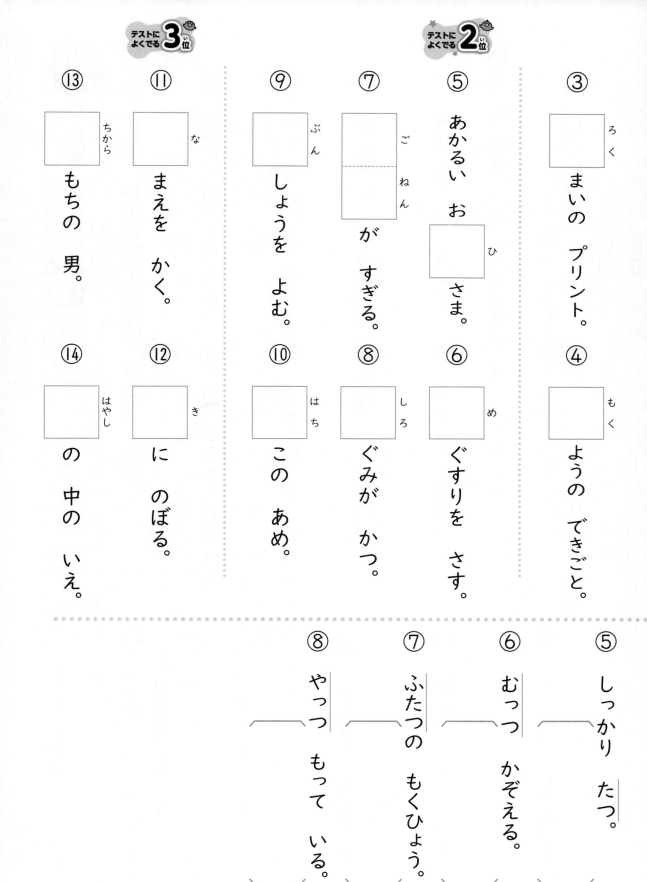

6 一年生で ならった かん字

1 ――せんの かん字の よみがなを かこう。

一つ2てん(16てん)

① じどう車に のる。

② 貝がらを 見つける。

③ いい天気が つづく。

④ 家《いえ》の中を のぞく。

⑤ お金を ためる。

⑥ 耳が いたい。

⑦ つり糸を むすぶ。

⑧ きれいな青空。

2 □に あう かん字を かこう。

一つ3てん(24てん)

① いろいろな □《おと》。

② □《こいぬ》が うまれる。

4 つぎの――せんを、かん字と ひらがなで かこう。

一つ4てん(40てん)

① やすみを とる。

② こたえが ただしい。

③ ひとつだけ たべる。

④ はやめに じゅんびする。

／100

③ みぎ を みる。

④ ひだり て で なげる。

⑤ あか い 色《いろ》えんぴつ。

⑥ せんえん で 売る。

⑦ さき に でる。

⑧ もり で あそぶ。

3 つぎの かたちや しるしから できた かん字を かこう。

一つ5てん(20てん)

① 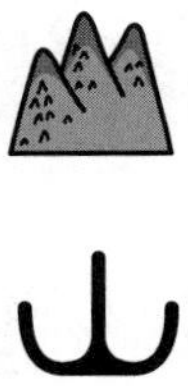

② 

③ 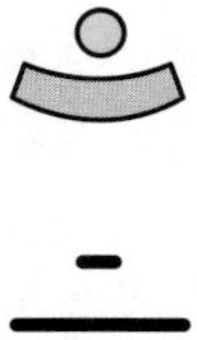

④ 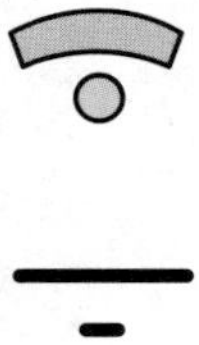

⑤ おおきな まど。

⑥ にもつを あげる。

⑦ 家に はいる。

⑧ 家から でる。

⑨ ちいさい 子ども。

⑩ しろい すなはま。

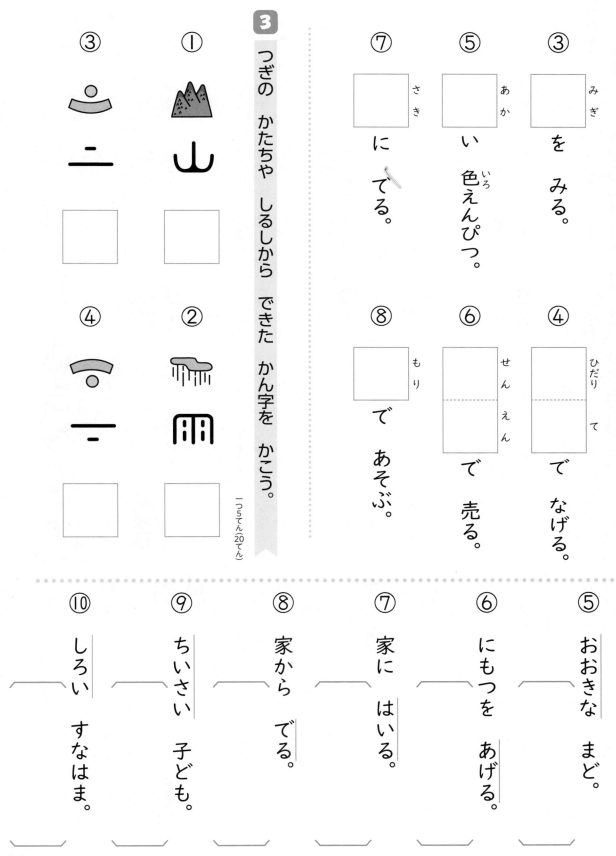

こたえ

1 （2・3ページ）

1 ①おと ②した ③か ④はな ⑤たま ⑥ひと ⑦えん ⑧き

2 ①一 ②王 ③雨 ④金 ⑤花 ⑥九 ⑦学 ⑧一円玉 ⑨金 ⑩下 ⑪右 ⑫火 ⑬気 ⑭貝

3 ①一つ ②一つ ③休んで ④休み ⑤九つ ⑥九つ ⑦休める ⑧一つ

2 （4・5ページ）

1 ①がっこう ②いぬ ③そら ④やま ⑤げつ ⑥こ ⑦ひだり ⑧みみ

2 ①空 ②糸 ③月 ④字 ⑤犬 ⑥見 ⑦左 ⑧五 ⑨四 ⑩口 ⑪子 ⑫七月 ⑬山 ⑭三

3 ①五つ ②見る ③見える ④見せる ⑤三つ ⑥三つ ⑦四つ ⑧七つ

3 （6・7ページ）

1 ①て ②すい ③うえ ④しゃ ⑤ちい ⑥ひと ⑦あか ⑧もり

2 ①十 ②人 ③上 ④青 ⑤手 ⑥十 ⑦車 ⑧女 ⑨生 ⑩森 ⑪石 ⑫水 ⑬夕 ⑭水

3 ①出る ②出す ③小さい ④上げる ⑤正しい ⑥生まれる ⑦青い ⑧赤い

4 （8・9ページ）

1 ①おとこ ②なか ③かわ ④つち ⑤せんえん ⑥あしおと ⑦まち ⑧おお

2 ①先生 ②虫 ③町 ④足 ⑤草 ⑥村 ⑦中 ⑧男 ⑨川 ⑩竹 ⑪千 ⑫天気 ⑬田 ⑭土

3 ①大きい ②早め ③早い ④大いに ⑤大きな ⑥早まる ⑦早める ⑧大きさ

5 （10・11ページ）

1 ①にほん ②ひ ③ひゃくえん ④むいか ⑤ようか ⑥もく ⑦しろ ⑧めだ

2 ①一日 ②年月 ③六 ④木 ⑤日 ⑥目 ⑦五年 ⑧白 ⑨文 ⑩八 ⑪名 ⑫木 ⑬力 ⑭林

3 ①入れる ②入る ③入る ④白い ⑤立つ ⑥六つ ⑦二つ ⑧八つ

6 （12・13ページ）

1 ①しゃ ②かい ③てんき ④なか ⑤かね ⑥みみ ⑦いと ⑧あおぞら

2 ①音 ②子犬 ③右 ④左手 ⑤赤 ⑥千円 ⑦先 ⑧森

3 ①山 ②雨 ③上 ④下